JN409128

조선수필

2014년 제2호

조선문학사

■ 책머리에

아름다운 여정

많은 분들의 격려와 사랑으로 태동한『조선수필』창간호가 모습을 드러낸 지 한해가 지났습니다. 돌이켜보면 지난 1년은 조선수필의 역량을 넓히는데 분주한 한해였습니다. 여러 가지 어려운 상황 속에서도 꿋꿋하게 성장할 수 있었던 건 전적으로 힘을 몰아주신 수필계 원로 선생님들과 회원들의 애정 어린 관심과 참여가 있었기에 가능했다고 생각합니다.

문학을 통해 삶의 아름다운 여정을 구현하는 우리의 노력이 미래를 여는 세상의 창으로 자리매김 할 수 있도록 문학적 역량을 마음껏 넓히는 마당이 되길 소원합니다. 그 뜻을 살려 반석을 쌓는다는 각오로 제2호를 출간하게 됐습니다. 이번에는 하와이한인문인협회에서 활동하는 저희 회원들이 함께 참여했습니다. 조선문학의 글로벌화에 앞장선 조선수필문인회의 노력이 현실로 드러나 가슴 뿌듯함을 느낍니다. 지속적인 상호교류를 통해 문학적 가치를 공유하고 미래를 향한 변화와 발전을 추구하는 동반자로 성장하길 기대합니다.

제2호에서는 조선수필의 질적 향상을 위해 저명한 선생님들의 작품을 초대수필로 수록했습니다.『조선수필』제2호 출간에 물심양면으로 지원해 주신 박진환 박사님, 이상보 박사님 그리고 격려와 함께 흔쾌히 작품을 보내 주신 선생님들께 진심으로 감사드립니다. 조선수필의 발전을 위해 열의를 다해 참여해 주신 회원님들께도 고마움을 전합니다. 이번 호에 참여하지 못한 회원들도 다음 호엔 좋은 작품으로 함께 참여할 수 있길 기대합니다.

우리들의 작은 몸짓이 삭막해져가는 사회와 소통을 이끌어내고, 침체된 삶에 희망을 열어주는 행복의 통로가 되길 갈망하면서….

2013. 겨울

조선수필문인회 회장 강병남

조선수필 제2호 차례

제1부 초대석

제2부 회원 광장

강병남 편

김경남 편

김광화 편

김평화 편

데이빗 리 편

시우미 편

엄영선 편

윤월산 편

이화란 편

임현도 편

장원의 편

정영자 편

표지화 : 공제 진영근(서예가)

제1부

초대석

■ 초대수필

겨레말 살려 쓰기

이상보
(문학박사 · 국민대학교 명예교수 · 수필가)

겨레말에는 그 겨레의 얼이 담겨있다. 그러기에 이 누리에서 겨레마다 이어온 삶의 자취에서 저마다 다른 모습을 찾아볼 수 있다. 우리 배달겨레는 다섯 즈믄(오천)도 더 되는 해를 지내오면서 남과 다른 나만의 유다름을 지녀왔다.

그러나 지난날에 중국을 큰 나라로 섬기려는 무리들이 한문을 높였기 때문에 우리의 말과 얼이 주눅이 들었던 때가 있었다. 그러다 일본이 우리나라에 쳐들어오자 또 일본에 빌붙는 이들이 나타나 일본말 쓰기를 좋아하고 우리말을 얕보며 없애려고까지 했다.

이른바 저들이 억지로 일본이름으로 고치고, 일본말만 쓰게 하며 조선말 없애기를 서두를 때에 그 앞잡이가 된 무리들이 적지 않았다.

그러나 이 나라의 수많은 씨알들(민중)은 조금도 흔들림 없이 겨레말과 겨레 얼을 지키는데 힘썼다. 지난날에 한문화의 굴레에서 앓고 있던 이 땅의 씨알들을 사랑하여 '한글(훈민정음)'을 새로 지어 널리 폄으로써 겨레문화를 꽃피우게 하신 세종 임금과, 사나운 일본의 우리 말글 죽이기에 맞서 끝까지 싸워 이긴 한글학회의 회원들은 이 겨레의 갸륵한 어른들이었다.

그런데 요즘에 이 땅에서는 이른바 세계화를 내세우며 영어를 알아야 세계인이 될 수 있다고 말하는 얼뜨기들이 나타나고 있다. 그래서 아직 우리말도 제대로 익히지 못하는 어린애들에게 혀 꾸부러진 말소리를 흉내내게 하는 어버이들까지 나타났다. 이제는 미국을 큰 나라로 섬기려는 얼빠진 무리들이 또 겨레말을 얕잡아보며 숨통을 끊어놓으려 날뛰고 있는 것이다. 더구나 행정기관의 공무원들 중에 저도 잘 모르는 외국어(영어)를 함부로 쓰고 있는 것을 보면 안타깝기 그지없다.

오늘 아침 방송에서도 웃지 못할 외국어들이 쏟아져 나왔으니 이런 것이었다.

①모닝 와이드 ②차이나 투데이 ③패스트 푸드 ④브랜드 이미지 ⑤차이나 드림 ⑥마캐트 전쟁 따위였다. 참으로 이 말의 뜻을 알아듣는 씨알들이 몇 사람이나 될까? 그래 배웠다는 몇 사람을 위한 방송인지 온 겨레가 함께 쓰는 방송인지 알 수 없는 일이다. 이것들을 이렇게 고쳐 말하면 안 될까? ①'아침+넓은'은 말이 안 되니 차라리 '아침 누리(세상)'가 좋다. ②'중국+오늘'도 '오늘의 중국'이면 된다. ③'과자 등의 재료, 점토, 연고+음식'은 말도 안 되니 '새 먹거리'라고나 할까? 잘 생각해 볼 일이다. ④'상표+인식'이니 '상품 느낌', ⑤'중국+꿈'이니 '중국의 꿈', ⑥'시장, 판로+전쟁'이니 '팔기 싸움'이라면 더 쉽지 않은가?

모름지기 우리말을 살려 써야 하겠다는 깨우침이 있어야 한다.

다음 것들은 잡지 <지방행정>에 실린 글에서 눈에 뜨인 것들이다. 좀 생각해 보기로 한다.

①지원 센터 ②국민캠페인 ③서비스업 ④퍼블릭 코멘트 ⑤시스템 정착 ⑥시민 코디네이터 양성 ⑦시민참가추진 포럼 ⑧행정자료 코너 ⑨관광인프라 구축 등을 읽는 이들이 얼마나 알 수 있을까? 차라리 ①돕는 곳 ②국민운동 ③접대업 또는 섬김일 ④시민 의견 듣기 ⑤제도 정착 또는 짜임새 굳히기 ⑥시민 조정사 양성 또는 시민 도우미 기르기 ⑦시민참가추진 토론회 ⑧행정자료실 ⑨관광 효과 구축 또는 관광 수입 늘리기 등을 생각할 수 있다.

또 ①각종 테마 공원 ②2차 펀드를 추진할 계획 ③테크노펀드 ④다양한 메뉴 ⑤정보 콘텐츠 구축 ⑥바이오테크 2000 사업 ⑦자원봉사 릴레이 ⑧조직개발 컨설턴트 ⑨팀웍을 강화함 등은 어쩌면 갓 쓰고 양복을 입은 것처럼 한자말에 영어를 덧붙인 말이니 어색하고 어울리지 않는다. 오히려 ①온갖 놀이터 ②두 번째 돈을 모으기 ③기술자금 ④온갖 품목 ⑤정보 목록 만들기 ⑥산 기술 2000년 일 ⑦자원봉사 잇기 ⑧조직개발 고문 ⑨짜임새를 알차게 함 등으로 하면 어떨까?

아무튼 바깥나들이를 자주 하는 몇몇 사람들이야 세계인으로 스스로 여겨도 거리낌이 없겠지만 우리 겨레의 수많은 씨알들이야 우리말과 우리 얼을 지키고 넉넉하게 해야 할 마음가짐이 있어야 한다. "호랑이에게 물려가도 제 얼은 지켜야 한다"는 말도 있거니와 아무리 세상이 바뀌어도 배달겨레는 깨끗한 배달의 말과 얼을 튼튼하게 살려가야 하지 않겠는가?

※ 이 글은 되도록 순 토박이말로만 쓰고자 애썼다. 나라고 한자말과 외국어를 몰라서 못쓰겠는가? 알고도 안 쓰는 것이 씨알들을 아끼고 나라사랑의 길임을 깨달았기 때문이다. 모든 읽는 이들이 헤아려주기를 바랄 뿐이다.

■ 초대수필

마음 다스리기

김병권
(전 한국문인협회 부이사장·조선문학 편집위원)

며칠 전 문단 모임에 나갔다가 한 후배로부터 다음과 같은 하소연을 들은 적이 있다.

요즘 무척 가깝게 지내던 동료로부터 어처구니없는 오해를 받아 심한 마음고생을 하고 있다는 것이었다. 원래는 그 당사자를 위해 좋은 뜻으로 말해 주었는데 몇 사람의 입을 거치는 동안 본의가 와전되는 바람에 오히려 그를 비난했다는 누명을 쓰게 되었다는 것이다. 너무나도 억울한 생각이 들어 직접 찾아가 해명도 하고 항의도 해 보았지만 막무가내였단다. 며칠 동안 분을 삭이느라 잠도 설치고 식사까지 거르다보니 자꾸 몸만 수척해지고 마음도 안정이 되지 않아 살맛을 잃어간다는 것이었다.

참으로 안타까운 일이었다. 우리 여성들의 인간관계에서 파생되는 갈등구조가 거의 같은 경향을 띄다 보니 더 이상 듣지 않아도 사건의 전말을 능히 짐작할 수 있었다. 시간이 지나면 다 웃고 넘길 수 있는 문제인데, 아마 여과과정(濾過過程)이 필요한 것 같았다.

그래서 나는 다음과 같은 말로 위로해 주었다.

"요즈음 적지 않은 공직자들이 뇌물수수죄로 법의 심판을 받고 있다. 뇌물의 근원은 원래 상대방의 것을 자신이 받아들임으로서 문제가 발생되는 것이다. 따라서 처음부터 받아들이지 않는다면 그것은 원래 상대방의 것이니 자신과는 아무 상관도 없는 일이 되고 만다. 마찬가지로 상대가 나에게 욕설을 퍼부었을 때, 그것을 내가 받아들이면 내 것이 되어 고민거리로 남지만 애당초 내가 그것을 받아들이지 않는다면, 그 말은 바로 상대에게 되돌아 갈 것이니 애써 고민할 필요가 없지 않겠는가?"

잘 알아들었노라고 수긍은 했지만 과연 이것을 잘 이해하고 실천에 옮기게 될지는 더 두고 보아야 할 것 같다.

우리가 사람을 미워하다 보면 그 사람만 미워지는 것이 아니라 끝내는 자기 자신마저 미워지게 된다. 그래서 남을 미워하는 감정을 지니고 살아가면 그 피해자는 바로 나 자신이 되고 마는 것이다. 미워하는 것도 내 마음에 달렸고 좋아하는 것도 다 내 마음에 달려 있으니 우리는 그 무엇보다 마음 다스리는 일에 관심을 기울여야 할 것이다.

저 불경에 나오는 일체유심조(一切唯心造)라는 말도 모든 세상사는 마음먹기에 달렸으니 사람들은 마땅히 마음을 다스리는 일에 앞장서야 한다고 가르치고 있는 것이다.

우리의 마음 밭에는 대개 두 종류의 씨앗이 자라고 있다. 긍정적인 씨앗과 부정적인 씨앗인 것이다. 긍정적인 씨앗은 기쁨 사랑 희망 같은 싹을 틔우려 하고 부정적인 씨앗은 불평 미움 절망과 같은 싹을 틔우려 한다. 이때 우리는 긍정적인 씨앗에게만 물과 거름을 주어 잘 가꾸어야 한다. 이것이 곧 우리의 마음을 다스리는 비법인 것이다.

한 젊은이가 입사시험의 마지막 관문인 면접시험을 치르기 위해 부지런히 길을 가고 있었다. 그때 마침 중년부인 한 사람이 길가에 차를 세운 채 발을 동동 구르고 있었다. 사정을 알아보니 타이어가 펑크 났는데 교체할 줄 모른다는 것이었다. 측은지심이 발동한 이 젊은이는 그 자리에서 팔을 걷어붙이고 타이어를 교체해 주고 사라졌다.

한참 후 시험장에 도착한 젊은이는 황급히 접수를 마치고 면접관 앞에 섰다. 예정시간보다 늦게 온 것을 변명하면서 면접관 얼굴을 보니, 바로 조금 전 그 펑크 난 차의 주인공이 아닌가. 깜짝 놀란 그 면접관은 "남의 고통을 함께 나눌 줄 아는 젊은이를 우리 회사원으로 영접하게 된 것을 기쁘게 생각한다."고 극찬하는 것이었다.

사람이 사회생활에서 중요한 것은 실력보다 삶의 태도다. 이성과 본능, 지성과 감성의 조화를 통해 반듯한 인격을 형성하고 그 인격을 바탕으로 원만한 인간관계를 유지하면서 사회생활을 영위해 나간다면 우리는 그 자체만으로도 성공적인 인생을 살았다고 할 수 있다. 마음을 어떻게 다스리느냐에 따라 그 인생의 미래가 좌우된다는 것은 고금의 철리(哲理)이다.

지기인 친구

정길남
(문학박사 · 조선문학 편집위원 · 전 서울교대 교수)

'당신은 좋은 친구가 있어 참 좋겠다'는 말은 아내가 부러워서하는 말이다. 아내 말대로 나에게는 좋은 친구가 여럿 있다. 그 가운데 특히 내 삶의 방향키가 되는 한 친구가 그리워진다. 인간의 특성 가운데 하나로 사회적 인간 즉 호모 사피엔스(Homo sapiens)를 말하는데 인간은 혼자가 아니라 서로 의지하면서 살게 마련이다. 나는 나서기 좋아하며 앞만 보고 달렸기에 저돌적이라는 말을 듣기도 했다. 그런 탓에 친구에게 무례히 행하거나 더 나아가 부담감과 혐오감을 준 때도 있으련만 너그러이 양해하고 받아준 덕분에 이 나이까지 살아온 것이 고마울 따름이다. 매번 친구들과 헤어지고 나면 또 실수와 무례를 저질렀다는 생각에 송구함과 쑥스러움에 뒤통수가 간지러워지기 일쑤다. 이런 나에게 언제나 한결같은 우애와 신뢰로 도움을 주는 좋은 친구가 있어 행복하다. 많은 이들이 직장 동료로 거쳐 갔지만 서로 마음을 헤아리는 지기(知己)는 그다지 많지 않았다. 서로 필요조건에 따라 만나고 헤어졌기 때문일 것이다. 물건은 새 것이 좋고 사람은 헌 사람이 낫다는 말이 일러주듯이 오랜 세월 동안 신뢰로 이어온 친구가 지기라는 말이다. 좋은 일과 기쁜 일에 진심으로 축하해주고 괴롭고 힘들어할 때 외면하지 않고 가까이 다가와 위로와 격려로 같이 아픔을 나누는 지기가 있어 나는 외롭지 않게 살아왔다.

나이가 들면서 더욱 그리워지는 한 친구가 있다. 그와는 교회 유치부에서부터 일흔이 넘도록 우애를 지속하며 그는 신앙의 본보기로 지금도 고향을 지키고 있다. 어려서도 중고교 때도 새벽을 깨우고 기도회에 나가던 신앙의 동지이다. 고향을 떠나 살면서 친구가 그리울 때면 느닷없이 그를 찾아간다. 그때마다 만사를 제쳐두고 나를 만나기에 주저한 적이 없었던 것 같다. 불현듯 그리워 그를 초대하면 먼 길을 마다않고 찾아와 하룻밤을 지새우면서 회포를 나누었다. 남은 생애 몇 번이나 만날까하는 아쉬움으로 시공간을 초월하여 늘 그리워하는 사이다.

그는 신앙생활에서 항상 귀감이 된다. 교회에서 장로로, 연로한 나이에도 성가대 지휘자로, 또한 노인 예배 인도자로, 지역 장로 합창 단원으로 봉사하고 있다. 수십 년간, 교도소를 방문위로하고 무의탁 출소자들까지도 배려하고 구제활동으로 살아가는 생활 자체가 베푸는 삶이라 하겠다. 해외 선교에도 적극적인 활동을 하고 있다. 캄보디아 선교지를 직접 현지 방문하여 물질로 돕고 있다. 반면에 나는 퇴임하자마자 몽골 울란바트르 대학의 초청을 받고도 선교사적 사명이 부족함을 내세워 거절한 것이 부끄럽다. 그는 기독회관이 절실하다는 말에 모교

대학선교 단체에 자신의 복숭아 밭 한 필지를 기꺼이 헌납하기도 했다. 몇 년 전, 전세입자의 전입을 전제하여 4층 건물을 지었는데 IMF 사태가 터지면서 전세가 불가능하게 되었다. 매월 빚은 늘어가고 이자조차 감당할 수 없어 출가한 딸의 도움을 받게 되었다. 공교롭게도 교회건축도 많은 어려움을 겪게 되자 상당액을 은행에서 담보로 인출해서 교회에 바쳤다는 것이다. 찾아간 나에게 지금의 모든 재물은 세상에서 끝이지만 건축헌금은 하늘나라에 영원한 것이라고 말하는 그의 믿음에 놀라움을 금치 못했다. 그 후 일 년이 지나지 않아 IMF 사태가 풀리면서 좋은 조건의 전세입자가 들어와서 해결되었다는 기쁜 소식이 전해왔다. 친구의 믿음에 하나님의 은총이 함께했음을 실감할 수가 있었다.

나는 지금까지 단 한 번도 그가 입에 욕을 담는 것을 본 적이 없다. 어머님의 가르침에 따라 '인마'라는 말조차 해 본 적이 없다고 한다. 오랜 세월, 그와는 단 한 번도 말다툼을 한 적이 없이 지나왔다. 엄격하셨던 어머님의 지침인 '하나님이 제일 먼저, 다음은 이웃에게 양보하고 마지막에 너의 몫을 찾으라'에 따라 살아왔다는 것이다. 교회 학생회도 내게 양보했기에 회장은 내가, 그는 총무로 지났고, 나운영 교수님에게서 합창지휘 교육도 같이 이수했고, 한때 음악교사로 재직한 그인데도 지휘는 내게 양보하고 그는 대원으로 후원하기를 자청하던 친구다. 지금도 장로합창단에서 현재 지휘자의 모습이 나의 지휘 모습과 오버랩한다는 말을 몇 번인가 한 적이 있다. 이것 또한 겸양에서 나를 추켜세우는 것 같아 미안하고 민망할 따름이다. 지나친 욕심이 생길 때는 역지사지를 의식케 하는 그 친구를 생각하면서 마음을 추스른다.

50년이 넘게 그는 부모님을 모시고 있다. 아들 내외와 손주까지 4대가 한 집에서 살면서 화목한 가정을 지켜 나간다. 아버지를 본받아 그의 아들 내외도 독립을 마다하고 한 집에서 부모공경의 전통을 이어가고 있어 이웃으로부터 칭찬과 부러움의 대상이 되고 있다.

엄격하셨던 어머님도 세월을 거스르지 못하고 연세 들어 기억력의 감퇴와 더불어 치매로 망각의 세월을 겪고 있다. 노모가 얌전한 치매를 겪고 있다고 고운 말로 전하는 이들 부부가 아름답기 그지없다.

둘이서 만나면 적극적인 성격 탓에 내가 주로 말을 하고 그는 듣는 편을 택했다. 신부님에게 고회 성사하듯 속마음을 털어놓는다. 대부분의 시간은 내가 차지하곤 했다. 그런데 최근에 우리 둘 사이에 이상한 증후가 나타나기 시작했다. 화자와 청자가 바뀌는 현상이 약간씩 태동하더니 언제부터인가 완전히 전도되고 말았다. 나에게는 말할 틈을 주지 않고 오로지 그 친구가 말을 한다는 사실이다. 만나는 시간 대부분이 그의 이야기를 듣는 시간이 되어가고 있다는 것에 놀랍다. 수줍어하던 처녀가 아줌마가 된 듯한 특이현상을 공감하고 서로 웃는다. 착하고 양보심 많고 얌전한 성품이기에 남의 말을 경청하기만 하고 자기표출을 억제했던 분들이 치매의 늪에 빠지는 경우가 많다는 안타까운 현실이 사회 문제로 대두되고 있다.

내 친구의 변화가 아마도 치매 걱정은 하지 않아도 될 것 같아 다행이라는 생각에 혼자 행복한 웃음을 짓는다.

걸객(乞客)

오창익
(수필가)

우리집엔 열이 넘는 걸객이 있다. 하지만, 그 걸객은 밥을 빌어먹는 사람이 아니라 참새다. 개밥 찌꺼기를 얻어먹으며 근근이 목숨을 이어 가는 참새 가족이다.

그런데, 그 참새 가족에겐 개에게서 볼 수 있는 충(忠)은 없지만, 그에 못지않은 예(禮)가 있어 눈길을 끈다. 비록 개가 먹다 남긴 찌꺼기를 빌어먹기는 하나 결코 와그르르 몰려들어 소란을 피우는 무질서는 없다. 서로 내 차지다, 내가 먼저다 물어뜯고 싸우는 아귀다툼도 없다. 까만 부리에 다갈색 털이 하나같아서, 어느 쪽이 어미고 새끼인지 분간키는 어려우나 반반씩, 때로는 서너 패로 나눠어 차례대로 날아든다. 얻어는 먹지만, 얻어먹는 자세만은 깍듯하다. 질서정연하다. 할아비새는 상지(上枝)에 앉고, 아비새는 중지(中枝)에, 아들새는 말지(末枝)에 앉는다는 3지례(三枝禮)가 까마귀나 까치에게 있다더니, 우리집 참새

가족에게도 예외는 아닌 듯하다.

개밥 그릇에 먼저 들어가 몇 번 부리질을 한 패는 으레 다음 조를 위해 미련 없이 자리를 양보한다. 잔디밭으로 옮겨가 부리를 씻는가 하면, 감나무 가지에 앉아 한 가족의 식사가 끝나기를 기다린다. 언제 보아도 단정한 매무새, 예절바른 몸짓이다. 그런 걸 보면, 그 옛날, '참새의 조선(祖先)은 꽤나 지체가 높았던 족속이 아니었나' 하는 생각도 든다. 해서 나는, 비록 개밥을 빌어먹는 처지이기는 하나 염치불구하고 덤비는 떼거지나 상거지가 아니기에, 그런대로 의관을 정제한, 몰락한 양반의 후예다운 체모이기에 그를 일러 감히 걸인(乞人)이 아닌 걸객(乞客)이라 부른다.

참새는 후조(候鳥)가 아니라 유조(留鳥)다. 이름하여 텃새라 한다. 그래서 그에게는 제 것을 제 것대로, 옛것을 옛것대로 지키려는, 조금은 맹랑하고 답답은 하지만, 수구(守舊)나 온고(溫故)에의 고집이 있다. 누군가를 찾아 봄내 여름내 피울음을 울던 접동새도, 인가에 끼어들어 살뜰한 정붙이를 해주던 제비도 때가 되면 나 몰라라 다들 가버리지만, 참새는 그러지를 못 한다. 달이 가고 해가 바뀌어도 배꼽 떨어진 제 고장을 떠나지 않는다. 어쩌다 하늘 높이 날다가, 산 너머엔 사래긴 밭이 있고, 강 건너엔 너른 벌판이 손짓하고 있음을 보기도 한다. 하지만, 그는 그 산과 그 강을 결코 넘지 않는다. 금을 그어 제 하늘의 경계를 표시라도 하듯 몇 바퀴 돌다가는 결국 제 마을, 제 텃자리로 내려앉고 만다.

더욱이나 주객이 전도되어, 시멘트로 논과 밭을 매대기질 한 인간들에 의해 삶터는 유린되고, 그 작은 몸집 하나 의지할 데 없는 무주택자, 몰락한 걸객의 신세가 되었음에도…. 4, 50년 전, 멀리 거슬러 올라갈 것까지도 없다. 내가 사는 이곳은 경성부가 아닌 경기도, 은평구가 아닌 은평면 상신사리로서, 게 잡고 붕어 낚던 곳이다. 풀어헤친 난가리 같은 초가집이 산 밑으로 드문드문 자리했을 뿐 논과 밭이 질편한 세상, 그들만의 천국이었거니.

슬픈 일이다. 주리거나 굶거나 간에 제 고장을 버리지도 못 하고, 제 한 몸 사그라져 죽을 때까지 배꼽 떨어진 제 땅에 도로 묻히는 운명적인 텃새. 그래도 그는 주어진 그 운명을 단 한치도 거역하지 않는다. 호마(胡馬)는 의북풍(依北風) 하고, 월조(越鳥)는 소남지(巢南枝) 하고, 여우는 수구초심(首丘初心)을 한다더니, 참새야말로 '首丘'인가, '守舊'인가? 그 마음, 텃자리를 지키려는 그 고집은 결코 그들보다 못하지는 않을 것이다.

그러니, 좀 더 편하게, 좀 더 넉넉하게들 살겠다고 제 나라 제 고향을 헌신짝처럼 버리고 떠나는 우리네에 비하면, 분명 그들은, '그들의 먼 조상은 보다 지체가 높았던 족속이었음'에는 틀림이 없다. 그래서인가, 몰락한 종족의 후예들에게는 도시 허욕이란 게 없다. 분수 넘치게 남의 것을 탐하지도 않고, 눈 가리고, 눈 속이고 남의 것을 훔치지도 않는다. 간혹, 사람이 심어놓은 곡식을 조금씩은 축을 낸다 하지만, 그건 애초부터 하늘이 정한 그들의 몫이었던 것. 고대 이스라엘 민족이 '열의 하나'를 남겨두고 밀밭걷이를 했던 것이나 우리 선대들이 까치, 까마귀밥이라 하여 가지 끝의 감이나 논밭의 이삭들을 줍지 않고 그냥 두었던 게 그 좋은 예이다.

어쨌거나 참새는, 우리집의 열이나 넘는 걸객들은 있으면 먹고 없으면 굶는다. 아침 한나절 개밥바라기를 하다가도, 그 밥주인이 밥알 하나를 남기지 않고 그릇을 싹싹 핥아도 그저 그것으로 그만이다. 섭섭하다 미련을 두고 머뭇거리지도 않는다. 포로롱, 이웃 쌀가게나 쓰레기 적환장 쪽으로 자리를 옮긴다. 하지만 거기서도 먹을거리가 시원치 않는지 번번이 내 집 마당으로 쉬 되돌아오곤 한다. 와서, 잔디밭에 앉거나 정원수의 겨울옷으로 입힌 볏짚가리에 앉아 하릴없이 부리질을 한다. 볏짚을 후벼대기만 한다.

그러나 지난여름, 밑거름만 축낸다하여 씨가 여물기도 전에 싹싹 밀어버린 잔디밭에, 더욱이나 탈곡기에 요리조리 돌려가며 깡그리 털어낸 볏짚 속에 저들의 먹이가 남아있을 턱이 없다. 그러나 저들은 푸석한 잔디풀이나 볏짚을 풀어헤치며 떠나지를 않는다. 부리질을 해대며 파고들기만 한다. 왜일까? 먹을거리도 없는데 왜 거기서, 왜 그 짓을 매일처럼 되풀이 하는 걸까?

겨울옷을 죄다 풀어헤치면 나무는 동상을 입는다. 해서, 나는 그 짓을 말리려고 다가서려 한다. 하지만 곧 발을 멈춘다. 그 짓은, 그 부리질은 단순한 놀이나 먹이 찾기만이 아닌, 흡사 엄마 젖무덤에 코를 박고 잠들려는 젖먹이의 몸짓 같았기 때문이다. 아니, 저들 나름의 평화요, 신뢰요, 무조건의 위안이었기 때문이다. 하지만 어쩌랴. 거긴 이미 말라붙은 젖가슴, 이미 폐허화 된 그들의 천국인 것을…

대한을 앞둔 날씨가 그물그물 하더니 그예 밤사이에 눈이 내렸다. 내린 정도가 아니라 발목이 묻히도록 많이 쌓였다. 지붕에도 눈, 나무에도 눈, 저들의 놀이터이자 고향이기도 했던 잔디밭에도 눈 천지다.

어디서들 추운 밤을 보냈을까? 이른 새벽이라 아직은 눈에 띄질 않으나 포롱, 포로롱 미구에 날아들 것이다. 날아들어 어느 나뭇가지에서건 마음 조이며 예의 그 개밥바라기를 할 것이다. 오늘만은, 눈이 쌓여 오갈 데가 없는 오늘만은 제발 바닥까지 싹싹 핥아 빈 그릇을 내놓는 일만은 없어주기를 빌면서, 빌면서….

눈은, 쌀가게 앞에도 쓰레기 적환장에도 발목이 묻히도록 쌓여있을 테니까.

■ 초대수필

3번과 4번

강호형
(수필가)

'산천은 의구한데 인걸은 간 데 없다'는 옛 시조 가락은 인간의 능력을 몰라도 너무 모르는 잠꼬대였다. 우거진 잡초덤불 속에 철새가 깃들거나 모래먼지만 흩날리던 황무지 — 그 틈서리 요소요소에 초가집 짓고 원시인처럼 살던 '인걸'들조차 나룻배가 가장 요긴한 교통수단이던 강남이 사천 년 긴 잠에서 깨어나 바야흐로 '8학군'의 위용을 갖춰가고 있던 시절이었다.

산천도 인걸도 의구한 것이라곤 찾아볼 수 없이 변해 버린 그 신도시의 어느 유치원 아이들이 내 친구의 도자기 공방으로 실습 겸 소풍을 나온 일이 있었다. 병아리 떼 같은 아이들과 어미 닭 같은 선생님들이 어울려 흙 반죽을 주물러가며 '실습'에 열중하고 있는 모습이 귀엽고 신통해서, 아직은 그럴 나이가 아닌데도 손자 손녀를 둔 할아버지들이 부러울 지경이었다.

아이들이란 하는 짓마다 천방지축이어서 늘 어른들을 긴장시킨다. 도자기 공방에는 크게 위험한 도구가 없어 사고도 없는 편이지만, 사고란 대개가 예기치 않은 곳에서 일어나는 법이라 아이들이 작업(?)에 몰두할수록 어른들은 경계심을 늦추지 않고 있었다.

그러나 우려는 빗나가지 않았다. 따지고 보면 사고도 아니면서 사고 이상으로 어른들을 난처하게 만든 사건은, 한 남자아이가 화장실을 찾으면서 시작됐는데, 요의도 연쇄반응을 일으키는지 너도나도 화장실로 향해 줄달음을 치더니 여자아이들이 화장실 앞에서 발을 동동 구르며 울고 있는 것이다.

그 공방의 화장실로 말하자면, 때마침 정부가 의욕적으로 추진하고 있던 '농어촌 근대화 사업'의 일환으로 지원해 주는 변소 개량 지원금을 받아 신축한 두 칸짜리 문화시설로서 문짝이 없는 한 칸에는 남성 전용 소변기를, 문짝을 달아 잠금 장치까지 갖춘 다른 한 칸에는 남·여 공용, 대·소 겸용의 도자기 변기를 앉힌, 매우 근대화된 화장실이었지만, 문제는 그것이 말처럼 타고 앉을 수 있는 의자식이 아니라 궁상맞게 쪼그리고 앉을 수밖에 없는 개량형인 데다가 그나마 수세식이 아닌 퍼내는 식이라는 데 있었다. 용변법이 다른 남자아이들은 그런대로 큰 불편이 없었지만, 여자아이들은 하마 입 같은 변기가 무섭고 냄새가 나서 못 들어가겠다는 것이었다.

단군 이래 유례가 없는 도자기 타일까지 붙여 단장한 정부의 이 빛

나는 업적을 형편없이 퇴색시키고 있는 이 나라 미래의 우먼파워들을 보면서 장차 그들의 시아버지 대열에 설 수밖에 없을 우리 세대의 미래가 결코 순탄치 않을 것을 예감했다.

예감이란 것은 이상하게도 불길할수록 적중률이 높다. 얼마 전 신세대 며느리 하나가 텔레비전에 나와 고부 갈등을 호소하고 있었다. 신세대 눈에 곱게 비칠 늙은이가 많지 않으리라는 것은 누구나가 공인하는 터이지만, 이 며느리의 하소연 중에서 특히 귀가 번쩍 뜨이게 한 것은 예의 '변기'에 관한 불만이었다.

집안에 화장실이 둘이나 있는데도 시어머니는 한사코 요강에 대한 집착을 버리지 않는다는 것이다. 주방에서 쓰는 수세미로 요강 닦는 것을 본 다음부터는 밥도 먹을 수가 없다는 것이다. 요강 닦은 수세미로 식기를 닦지 않았으리라는 보장이 없기 때문이라니 딱한 노릇이었다.

나는 불현듯 도자기 공방의 화장실 사건을 떠올리면서 씁쓸한 미소를 머금지 않을 수 없었는데, 그러고 보니 저 며느리가 그때 그 유치원생이 아닐까 하는 생각도 들었다. 시어머니 역성을 들 수도 며느리를 나무랄 수도 없는 이 떨떠름한 심사.

최근 어느 명문 고등학교의 동기 동창회 소식지에 다음과 같은 글귀가 눈에 띄었다.

'3번아 잘 있거라. 6번은 간다.'

이건 어느 농구 팀의 식스맨이 3번 주전 자리에서 뛰다가 활약이 신통찮아 쫓겨나오면서 던진 말이 아니라, 6인 가족 중의 할아버지가 '가족 속의 고독'을 이기지 못해 아들집을 떠나면서 내뱉은 절규라는데, 그 내막이 자못 희극적이다.

며느리 1번, 손자 2번, 아들 3번, 강아지 4번, 가정부 5번, 나 6번 — 이 엄연한 서열에서 벗어나는 6번의 처지에서 유독 3번에게만 작별을 고한 것은 그나마 촌수가 가장 가깝다는 혈연의식이 작용했기 때문일 테지만 만만하기로야 4번이 오히려 적당하지 않았을까 싶어 씁쓸하다.

■ 초대수필

불갑산에서 나를 만나다

김익환
(수필가)

'함께 할 회원들은 어떤 사람들이고 연령대는 어떤 분포일까. 혹여 노년의 우리 내외가 그들에게 짐이 되는 것은 아닐까?' 궁금증과 걱정을 한가득 안고 아내와 함께 집결지에 도착하니 아침 08 : 30분이다. 동사무소에서 공모한 '양산산악회'의 첫 산행에 참가코자 함이다.

정해진 시간보다 30여분 늦게 출발한 버스가 불갑사 주차장에 몸을 푼 시각은 상오 10 : 20분. 세 대의 버스에서 쏟아지는 인원은 어림잡아 남녀 합해 백여 명은 넘을 듯한데, 우리 부부가 가장 늙어 보여 은근히 걱정이 앞선다. '산악이사'란 분이 일행을 두 패로 분류를 한다. 네 시간 코스와 두 시간 코스 중 선택은 각자 능력에 맞춰 하라는 것이다. 우리 내외는 체력의 한계가 미심쩍긴 했지만 의욕을 앞세워 네 시간 등정 길을 택했다.

참으로 오랜만에 젊은 일행 속에 끼어 노년의 체력을 불갑산 시험대에 올린다. 그 많은 일행 중 아내 하나 말벗 삼아 덫 고개에 들어서니 1m 남짓 높이의 나무계단이 마중을 한다. '멀쩡한 길 위에 나무계단은 왜!' 하는 의아심이 들었지만 몇 계단 더 올라 좌우의 꽃무릇 군락지를 보고서야 해답을 찾았다. 그러나 어쩌랴. 불꽃 같은 꽃무릇의 황홀함은 자취를 감추고 빈 꽃대만 초라하게 늘어서서 철 넘겨 찾아온 산객들의 게으름을 조롱하고 있다.

아쉬움 달래느라 우리의 발길이 굼뜨자, 뒤따르던 사람들이 제비 물 차듯 스치며 앞만 보고 내달린다. 그렇게 산정에 올라 숲을 내려다본 들 스쳐온 숲속의 생태를 어찌 마음에 담을 수 있으랴! 맨땅 길로 접어드니 길섶 양옆엔 꽃무릇 빈 꽃대들만 을씨년스럽게 늘어서서 산객들의 무심함을 서러워하고 있다. 옆을 치고 앞서나가는 사람들 중, 일행인 듯싶은 사람은 찾을 수가 없다. 아직은 체력이 달린 것도 아닌데 우리 내외는 초장부터 일행에 뒤처져 있다는 징조이다.

발길을 재촉하여 노적봉을 지나 법성봉, 투구봉까지 단숨에 내달린다. '불갑산'이란 칭호에 걸맞게 부처님의 자비가 숨 쉬고 있음일까? 오르는 봉우리들의 표고(標高)가 400m 안팎이라 일부 구간을 빼고는 심하게 가파르지 않아 힘든 행보는 아니다. 살랑거리는 막새바람도 한몫 거들며 땀구멍을 막아준다. 지병(持病)만 없다면 나이 지긋한 우리 같은 산객도 오를만한 산세(山勢)다.

일행을 따라 잡으려 숨 몰아 내달리니 장군봉 정상이 쉬어가라 발길을 잡는다. 말만 장군봉이지 사위가 숲에 가려, 내려다보고 호령해 볼 만한 군졸 하나 눈에 잡히질 않는다. 시간은 하오 한시. 끼리끼리 어울려 점심을 즐기고 있는데 내가 끼어들 끼리는 어느 곳에도 없다. 아내와 나는 변사또가 벌인 잔치마당의 이몽룡이가 되어 한쪽에 자리를 잡아 단출한 산 밥을 즐긴다.

준비해간 커피 한 잔에 장군봉의 추억을 타마시고 노루목으로 향한다. 그곳까지는 곧장 내리막길이다. 403고지인 장군봉에서 상당 거리의 내리막길이 있다는 것은 불갑산 최고봉인 516고지의 연실봉에 오르는 길이 가파르다는 징조다. 아니나 다르랴! 연실봉이 가까워지자 길이 두 갈래로 갈라진다. 한쪽은 '위험한 길' 한쪽은 '안전한 길'이란 푯말이 능력껏 선택하라는 암시를 준다. 뒤처진 젊값을 치르기로 했다.

역시나 위험한 길은 녹록치가 않다. 코가 땅에 닿을 듯한 급경사가 숨을 몰아쉬게도 하고 칼바위가 발길을 막기도 한다. 연실봉 정상이 가까워지자 또 나무계단길이 기다리고 있다. 바닥엔 '108계단'이라 쓰여 있다. 한 계단씩 오르며 번뇌를 소멸시켜 참된 진리를 터득하라는 것이리라. 하지만 형제자매와 처자식이 있고 외손주가 크고 있는데 그에 따른 번뇌를 어찌 내려놓을 수 있으랴! 숫자만 세며 오르다보니 '통천계단'이라 쓴 계단으로 이어진다.

통천계단! 여기만 오르면 하늘과 통할 수 있단 말인가? 그것은 꿈이요 환상일 뿐, 막상 연실봉 정상에 몸을 얹고 보니 하늘은 너무 아득하기만 하다. 사위(四圍)를 둘러보니 더 높은 산들이 풍성한 가을 들판을 품어 안고 있다. 우리네 삶의 높낮이도 이와 같지 않겠는가! 잠시 휴식을 취하며 올라온 길을 되짚어본다. 그 길 위에 내가 살아온 인생여정이 누룽지처럼 겹쳐진다.

눈에 얼굴 익힐 틈도 주지 않고 요절하신 아버지가 청상의 어머님께 남겨 주신 유산은 철모르는 3남매와 그 어린 것들이 유년기에 겪어야 할 고난과 시련이었다. 어머님의 헌신 덕에 그 시절을 탈 없이 극복하고 육군 장교로 임관하여 직업군인의 길을 택했다. 지연, 혈연, 학연이 판치던 시절, 아무런 뒷배 없이도 순탄하게 영관장교에 올라 좋은 보직 받아 근무하면서 유소년기의 고난을 보상 받았다. 그것이 세상살이를 물썽하게 보는 단초가 되었다. 세상을 만만히 보고 자진 전역을 한 객기가 화근이 되어 가장의 멍에만 목에 걸어둔 채 가파른 내리막길로 곤두박질을 쳤다. 그렇게 깊은 골짝에서 바둥거리다 기어오른 새로 얻은 직장에서 밤잠 거르고 코피 쏟으며 기어올라 비록 연실봉 높이에도 못 미치는 봉우리이긴 하지만 십수 년간, 그 직장의 책임자로 머무르다가 명예로운 정년퇴임을 했다.

내 나이 고희(古稀) 봉(峰)을 넘어선 황혼이다. 그 무겁던 멍에를 벗어 낸지도 오래다. 지는 해가 무슨 재주로 뒷걸음칠 수 있으랴. 더 오를 산봉우리도 더 오르려 바동거릴 기력도 없다. 이제 연실봉도 인생길도 내려가는 일만 남았다. 내리막길이 더 많은 위험하지 않던가? 내려가다 미끄러지면 서로 손잡아줄 사람은 아내와 나 말고는 아무도 없다. 서로가 미끄러져 다치지 않게 조심해야 한다. 그것이 우리부부가 살아가야 할 나침판이고 이정표가 아니겠는가!

힘겹게 살아온 인생, 이쯤에서 더 이상 고뇌 따라붙을 욕심일랑 훌훌 털어내자. 그리고 아내와 함께 분수에 맞는 야트막한 산이라도 자주 찾아 길섶의 생명들과 정담 도란거리며 마음의 평화나 얻고 살아가리라.

■ 초대수필

수첩을 갈며

박도영
(수필가)

나이에 가속도가 붙는 세월을 맞고 보니 왠지 비감에 젖는다.

지난 한 해를 돌아본 시간상에는 마쳐야 할 과제물이 남은 것처럼 미진한 느낌에 마음이 착잡하다.

나는 새해를 맞을 때마다 새 수첩을 사서 나 자신과 관련된 모든 사항들을 기록하는 습성이 있다. 요즘은 디지털 시대라 스마트폰 하나면 자신과 연관된 내용을 저장해두기도 하고, 세상의 모든 정보를 공유한다.

하지만, 수첩에 명단을 기록하는 아날로그적 사상에서 벗어나지 못하는 나는 한 사람 한 사람을 생각하는 그 시간이 참으로 아름답고 좋을 뿐이다. 흐르는 것이 어디 세월뿐이랴! 인간관계에서도 스치고 지나간 수많은 사람들이 있었음에랴! 마치 네온사인 명멸하듯 나의 수첩 속에 기록되어 반짝이다가 사라진 이름들이 상당수 있다. 예외가 있긴 하지만, 연중 한 번도 연락이 닿지 않은 수첩 명단에는 선을 긋는다. 또 전화번호나 주소가 변경되면 덧칠로 씌어 있어 여간 지저분한 게 아니다. 수첩이 지저분하면 마음조차 개운치 않아 연말이나 정초에는 꼭 새 수첩으로 바꾼다.

식구들이 번거롭게 사는 나를 이해하지 못하는 줄은 알지만, 그 일도 나의 즐거움이요, 이름의 당사자를 생각하는 순간에는 추억 여행을 하는 기분에 빠진다.

아마도 내 기억이 살아 있는 한, 이 즐거움은 결코 버릴 수 없는 나의 연중행사로 이어지리라 싶다. 한 사람씩 이름을 훑어내려 갈 적마다 그 사람과의 인연을 생각한다. 어떤 계기로 만났던지 간에 수첩에 자리를 늘 지키는 주인공으로 여전히 남은 분들에게는 그저 고마운 생각이 들기도 한다.

도시의 번잡한 삶을 접고 전원으로 처소를 옮긴 친구로부터 가을이면 누런 호박덩이를 받을 때의 고마움에 정성들여 주소와 이름을 옮겨 적는다.

수첩에서 과감하게 삭제해버리는 명단 중에는 연락 두절로 말미암을 수도 있지만, 장수를 부르짖는 현실에서도 지병으로 세상을 등지는 이들의 이름을 지울 때는 마음이 쓰라리다.

젊을 때는 나와 다른 사고의 소유자들을 이상한 사람으로 치부하여 내 사상의 범주에 두길 꺼려했다. 얼굴 생김새가 다르듯 생각이 다를 수도 있으련만 수첩에서 과감히 지워버리는 잘못을 저질렀다. 그들은 절대로 무 이성적 사람이 아니었다. 나의 소견이 좁아 나와 다름을 인정하지 않으려 했을 뿐이다. 얼마나 오만했던가! 철없이 부린 객기에 지나지 않았다.

연락이 비록 되지 않더라도 이름을 지우지 못하는 사람도 있다. 살아오는 동안 삶이 어려울 때 상부상조하며 고통을 같이 한 분들이다. 마음이 괴로울 때 서로에게 위로가 되었던, 타인에게 내보이기 싫은 내 삶의 치부까지도 용납하고 이해했던 사람들이다. 삶의 긴 여정 중 한때 내게 영육을 소모했던 분들이라, 아마도 나의 수첩에서 은인(恩人)으로 남아 그 명맥을 오래 유지할 것이다.

내가 속한 여러 단체 회원들, 가족친지들의 생일, 조상의 기일이며 맛집들의 연락처, 은행계좌번호 등. 뒤쪽에는 삶의 편린들을 메모해놓기도 하고 애창곡까지. 수첩 속에는 나의 인생과 삶이 집약되어 있다고 해도 과언이 아니다.

나의 궁상스런 수첩을 구시대의 유물쯤으로 보는 타인들의 시각을 의식할 때가 있다. 요즘의 디지털 시대는 한걸음이라도 앞서 나가기를 경쟁하는 시대지만, 나는 자동보다는 좀 느긋하게 가는 수동이 더욱 정겹고 편하다.

굳이 또 다른 이유를 대자면 나는 완전 기계 바보에 속한다. 핸드폰에 입력된 이름을 찾는 데도 늘 더듬거린다.

수첩은 추억이요, 내 인생의 기록이기도 하다. 자녀들의 결혼기념일을 적으며 그때의 모습을 상상한다. 딸과 며느리가 화사한 웨딩드레스를 입고 행복한 미소를 짓던 모습이 떠오르며 행복감에 젖는다.

친정부모와 시부모님의 기일을 적을 때면 그분들이 그리워 눈시울을 붉힌다.

손자들 생일을 적을 때는 또 어떤가. 나는 이 세상에 태어난 첫날을 가장 우선순위에 두고 귀하게 여긴다. 모든 인간관계도 탄생 이후에 생긴 일이기에 생일만큼은 일순위의 축하일로 꼭 지키려 한다. 최근 손자 명단에 한 명이 더 늘었다. 국외에서 거주하는 막내아들이 첫아이로 득남했다는 소식은 온 집안에 기쁨을 선사했다.

수첩은 또 반성을 일깨우는 지침서요, 나의 태도를 점검하는 바로미터다. 친지들의 생일을 적을 때마다 전화나 카드라도 축하메시지 한번쯤 전해야지 하는 생각은 수첩을 적을 때일 뿐, 제대로 실천을 못하는 우를 범하여 마음이 편치 않다.

해가 바뀐 이 시점, 나 자신도 누군가에게 잊히는 사람이 될 수도 있고, 기억되는 사람으로 남겨질 수도 있을 것이다. 누군가의 기록에 포함되는 사람으로 남고 싶다면 그들을 진심으로 아끼고 사랑해야 하리라.

작가 황인철은 말했다. '사랑하는 것도 훈련이다. 사랑도 심어야 거둘 수 있다. 농부의 심정으로 내 마음 밭을 갈고, 씨앗을 심고 인내하여 기다려야 한다. 열매가 맺힐 때까지.'라고 말이다.

금년에는 수첩에 적힌 분들께 존경의 말, 사랑의 말, 칭찬의 말 등으로 그들을 향한 내 마음을 보이리라.

'당신이 나의 친구라는 사실, 당신을 알게 된 것이 내 삶의 영광'이라는 진심어린 말을 내년에는 꼭 한번쯤 전달하리라 다짐한다. 제발 작심삼일로 끝나지 않기를 기원하면서.

그림이 예술이 되는 것은

양태석
(수필가)

그림은 기록하는 예술이며 시대를 반영하는 것이다. 그러나 아무그림이나 예술이 되는 것은 아니며, 시대를 반영할만한 창작이라야 예술의 대열에 설 수 있는 것이다. 예술은 알미운 것이며 이해하기 어려울 때도 있다. 예술이 회화분야만 한정된 것은 아니다. 예술의 모든 분야가 그러하듯 문화적 가치와 그 영향력은 대단히 크다. 따라서 예술은 인류문화의 근본이며 어느 시대를 막론하고 나라의 운명을 좌우하기도 한다.

울산반구대 암각화는 그 시대를 반영하는 기록이며 동시에 원시예술인 것이다. 그때 그 기록이 없었다면 후세 사람들이 그 시대를 유추할 수가 있었겠는가?

예술은 문학, 미술, 음악, 조각, 건축, 영화, 연극, 무용 등 다양하다. 많은 분야에서 미술은 조형예술이며 시각예술이다. 예술은 인류사회에서 발생하는 새로운 창조행위를 총체적으로 칭하는 말이다.

예술은 시공을 초월하고 한정된 곳에서만 이루어지는 것은 아니다. 예술은 평범한듯하면서도 독특하고 독특한듯하면서도 통속적일 수도 있다. 그래서 예술은 시대성에 민감하다. 시대조류에 따라 변하는 것이 예술인 것이다.

원시시대에 그려진 암각화는 그 시대의 기록이며 현대사회의 그림은 현대의 기록이다. 문학이나 글자로 기록하는 것도 기록이겠으나 그림으로 시대를 표현한 것도 기록이다.

기록은 보통기록이 있고 예술적 기록이 있다. 문학, 미술, 조각, 건축, 등은 기록문화의 예술이며 후세에까지 전해지는 예술이다. 따라서 그림이 예술이 되려면 새로운 기법과 어디에도 없는 신선한 형상이어야 한다.

나는 그림을 예술이 되는 방법과 형상으로 성립시키기 위해서 새로운 기법개발에 주력하고 있다. 따라서 세계 어디에도 없는 신선한 방법을 모색하면서 그림의 주제를 장수, 부귀, 행복에 두고 있다. 주제를 소화하려면 다양한 소재를 선택하고 자기만의 독특한 색상과 기법을 개발해야 한다.

그러면 새로운 형상과 창조된 색상이면 모두 예술이 될 수 있느냐? 하는 것이다. 아무리 새롭고 세상에는 없는 것이 만들어졌다고 해도 그것이 창작의 범주를 벗어난 것이라면 예술이 될 수 없는 것이다. 그림의 예술성은 회화성까지 요구되는 것이므로 미의식으로 조형성과 회화성이 합일을 이루었을 때 예술로 인정받을 수 있는 것이다.

예술은 늘 창조되어야 하며 시대적 반영이 중요하다. 그래서 새로운 유행을 만들어가는 것이다. 그림이 예술이 되려면 시대가 요구하는 요건을 구비하고 회화요건을 갖추어야 한다.

분갈이를 하면서

오기환
(수필가)

우리 집에는 네댓 개의 분재화분이 있다. 이른 봄에는 영산홍이, 여름에는 백일홍이 피고 가을엔 미니사과가 열매를 맺고 겨울에는 동백이 붉은 꽃을 피운다. 거실에 앉아 사계의 변하는 모양을 보면서 지낸다.

한참 꽃을 피워야 할 여름에 백일홍이 누렇게 낙엽 지면서 몸살을 앓고 있다. 물을 주고 거름을 듬뿍 얹어주어도 회생될 기미가 보이지 않는다. 화분을 들고 분재원에 갔다. 주인은 보자마자 뿌리가 썩고 있다면서 분갈이를 해야 한다고 한다. 그리고는 화분에서 분재를 뽑는다. 흙은 보이지 않고 뿌리가 꽉 차있다. 화분과 닿는 부분의 뿌리가 갈색으로 변해있다. 이런 뿌리는 딱딱하게 굳어지면서 물과 양분을 빨아들이지 못한다면서 가위로 뿌리를 깨끗이 잘라낸다. 조금 늦게 왔으면 회생할 수 없을 뻔했다고 한다.

아무리 그렇다 해도 저렇게 인정사정없이 뿌리를 잘라내면 살 수 있을까. 속으로 걱정을 했다. 하지만 전문가가 응급처치를 하는데 믿고 맡길 수밖에 다른 방법이 없었다. 뿌리를 깨끗이(?) 자르는 대수술을 한 뒤에는 나무와 화분이 따로 놀지 않도록 철사로 단단하게 묶어 놓고 흙을 채운다. 그 다음에는 가지치기도 한다. 조마조마한 마음으로 지켜보다가 뿌리도 다 자르고 가지마저 자르면 어떻게 살겠느냐고 항의조로 말했다. 주인은 웃으면서 대수술을 했으니 한동안 몸살을 앓을 터인데, 가지나 잎이 영양분을 흡수하면 위험할 수도 있기 때문에 가지치기를 했다고 설명한다. 대수술을 했으니 3, 4주 동안 맡겨 놓으면 회생시켜주겠다고 한다. 앞으로는 주기적으로 분갈이를 해야 한다고 당부한다.

자연에서 자라는 나무는 주변의 양분이 고갈되거나 뿌리가 노화되면 죽기도 한다. 분재는 이렇게 2, 3년에 한 번씩 분갈이를 해주면 새 뿌리를 내리면서 회춘하고 자연 상태의 식물보다 훨씬 더 오래 산다. 관리만 잘해주면 무제한으로 살 수 있다고 한다. 분재도 백세시대를 맞이하는 것 같다.

인간의 삶도 분갈이하듯 낡은 생각을 잘라내고 새롭고 창의적인 생각의 뿌리가 돋아나도록 해야 한다. 오래된 생각과 아집을 버리지 못하는 사람은 나이가 젊더라도 생각이 늙어갈 수밖에 없다. 화분과 닿은 뿌리가 갈색으로 변하여 죽어가듯이.

모든 식물은 옮겨 심거나 분갈이를 하면 심한 몸살을 앓는다. 미세한 뿌리의 조직이 이식하면서 상할 수 있고 뿌리에서 흡수하는 물보다 잎으로 배출되는 수분이 더 많은 까닭이다. 그래서 분갈이할 때는 의사가 환부를 과감히 잘라내듯 뿌리를 잘라내고 가지치기도 한다. 때로는 나무 스스로가 잎을 떨어뜨리면서 회생의 몸부림을 친다. 피나는 생존전략이다.

나뭇가지나 잎은 사람으로 치면 기득권이나 잘나가던 시절의 기억과 같다. 주기적인 인사이동으로 자리를 옮긴 사람은 기득권이나 잘나가던 시절의 기억을 떨쳐버리고 새로운 자리가 주는 스트레스를 참고 견뎌내야 한다. 그래야 분갈이한 화분에서 새 뿌리와 가지가 돋아나듯 옮긴 자리에서 또 다른 황금기를 맞이할 수 있다.

달포 만에 분재원엘 갔다. 좌대 왼쪽에 있는 녀석이 눈에 들어온다. 달포 전에 대수술 한 그녀석이다. 가지치기한 끝부분에서 새롭고 창의적인 생각이 돋아나듯 연둣빛 새순이 돋고 있다. 새로운 자리가 주는 스트레스를 극복하고 자리를 잡듯 뿌리가 착근을 하고 새순이 돋고 있는 게 아닌가.

분재원 주인은 활짝 웃으면서 내년 여름에는 실한 꽃이 필 거라면서 따끈한 모과차 한 잔을 내 앞에 놓는다.

전화 없는 하루

이진영
(수필가)

오늘은 모임 시간에 맞추느라 아침부터 바빴다. 아침 기도와 묵상 시간을 마치고 간단한 운동을 했다. 식사를 마치고 화장하고 옷을 챙겨 입고… . 가끔 그 바쁜 틈 사이로 전화가 걸려오거나 쫑이가 볼일을 보고 겸연쩍은 눈빛으로 날 올려다보기도 했다. 닦아주고 치워달라는 부탁이다. "너는 참, 왜 이렇게 바쁜 시간에…." 어쩔 수 없는 생리현상인 줄 알면서도 툴툴거리면서 치우고 손을 씻고 나니 시간이 꽤 지체됐다.

서둘러 집을 나섰다. 현관문이 잘 잠겼나 문 손잡이를 다시 한 번 돌려보고 확인을 했다. 이것저것 빠뜨리지 않고 또 내 몸 잘 챙겨서 집을 나서기가 얼마나 힘들고 큰일인지 모르겠다.

목적지까지 데려다 줄 전철에 자리를 잡고 앉으면 그때서야 휴! 안도의 숨을 내쉬며 습관처럼 가방 안에서 이동전화를 찾았다. '없다!'

가방 구석구석을 다 뒤집어 봐도 없다. 아마도 집에 두고 나온 것이 분명하다. 낭패스러웠다. 전화가 없는 하루를 상상할 수 없다. 뭔가 채워지지 않은 허전함이 나를 감싸 안는다. 누군가가 꼭 필요한 전화를 할지도 모른다. 또 누군가에게 꼭 전화를 할 일이 생길지도 모르지 않나. 긴 시간의 무료함을 달래주는 인터넷 검색이나 문자통화도 할 수 없으니…. 불안이 스멀스멀 밀려온다. 초초해지기까지 했다.

맞은편 좌석의 젊은이들 거의 모두가 귀에는 이어폰을 꽂은 채 스마트폰을 들여다보고 있다. 옆에서 일어나는 일에는 아예 관심도 두지 않는 듯싶다. 카톡으로 문자를 보내고 인터넷을 검색하고 게임을 즐긴다. 하루 중에 깨어있는 시간 거의를 스마트폰에 푹 빠져 있다는 현대인들의 모습이다. 나 또한 목적지까지 가는 내내 전화를 손에 쥐고 있는 경우가 많다.

전동차는 어느새 한강 다리 위를 지나고 있다. 한 달에 서너 번쯤 서울을 나오면서 1호선을 타거나 혹 4호선을 타게 되도 한강다리를 건너는데 그저 무심히 지나치곤 했다. 오늘은 강물에 잠겨있는 한가로움이 넌지시 내게 손을 내미는 듯했다. 눈길 따라서 강물이 출렁거리며 들어선다. 낮게 퍼진 자욱한 안개가 따라 들어선다. 금세 내 안에 강가 풍경이 걸린다. 철교 위를 달리는 전동차의 철컥철컥 소리가 음악처럼 들린다.

구글의 에릭 슈밋 회장은 보스턴대학 축사에서 하루에 한 시간씩 스마트폰과 인터넷을 끄고 사랑하는 사람의 눈을 들여다보면서 진짜 대화를 나누라고 신신당부했단다.

사실, 소셜* 네트워크에 빠져 있는 이들이 우울증에 걸릴 확률이 크다고 한다. 온라인 만남이 주는 재미에 구태여 오프라인의 만남이 필요 없어진 건지도 모른다. 물론 소셜 네트워크 서비스의 신속함과 편리함이라는 순기능도 있다. 하지만 아무리 생각해봐도 휴대폰, 문자메시지, 카카오톡, 전자메일, 전화, 전신 등의 모든 통신서비스가 우리의 외로움을 다 해결해 줄 것 같지는 않다. 오히려 균형 잡힌 사고 능력은 퇴화할 위험이 있다고 한다.

나도 좀 전까지 전화기 없는 빈손으로 인해 허전함과 불안함 속에서 헤어 나오지 못했다. 그런데 내 안으로 촉촉한 편안함이 밀려 들어왔다. 내가 그토록 놓지 않으려 애썼던, 보이지 않는 끈에서 놓여났다는 해방감까지 들었다.

'그래, 잠시라도 버려둔 무심한 일상과 깊은 대화를 나눠 보는 거야. 사랑하는 이들의 눈빛에서 또 다른 의미를 찾아내 보는 거야. 내 마음의 강에도 새들이 푸드득 날아가고 젖은 산이 하나 흘러가는 거야. 단지 보려 하지 않고 들으려 하지 않았기 때문이지.'

※ 소셜 : 온라인상에서 친구, 선후배, 동료 등 지인들과의 관계망을 구축해 주고 이들의 정보 관리를 도와주는 서비스.

생각하는 계절

호병규
(수필가)

함박눈이 쏟아진다.

안녕 골 아름마을 들판에 하얀 눈이 소복소복 쌓인다. 산과 들과 융건릉(사도세자와 정조대왕릉) 산책길에도 소리 없이 하얀 눈이 내린다. 온 하늘이 흰 꽃잎을 뿌린 듯 온통 함박눈으로 가득하다. 나는 이렇게 소담하게 내리는 눈은 어릴 때 보고는 처음이다. 함박눈이 펄펄 쏟아지니 세상에 적막감이 흐른다.

그렇게도 조잘대던 새들, 힘차게 외쳐대던 장기들도 이제는 모두들 어디로 갔는지 건너편 빈 들녘에는 오직 작가의 고독한 사유(思惟)만 하얀 눈 잎을 따라 하나씩 둘씩 내려앉는다. 더러운 것, 추한 것 모두 하얀 눈 잎으로 덮는다. 그리고 그 위에 한 닢 두 닢 내 마음이 내려앉는 것이다. 나는 그래서 눈 오는 날이 좋다. 내가 어릴 때 오늘같이 함박눈이 쏟아지는 날은 우리 집 개 메리(사냥개)와 뒹굴던 추억도 눈발 사이로 아른거리고 있으니 눈 오는 날의 잊지 못할 추억인 것이다.

계곡의 나무들은 무엇을 저렇게 생각을 하고 있을까? 모두 깊은 잠에 빠진 것처럼 도무지 기척이 없다. 화려했던 단풍들을 그리워하고 있음인가? 청초했던 여름날을 그리워하고 있음인가? 신나게 뛰놀던 야생들을 생각하는 것은 아닐까? 그러나 그들은 모두 떠났다. 그들이 떠난 쓸쓸한 산야에는 하얀 눈만 펄펄 내린다. 빈산을 지키는 나목(裸木)들만 스치는 바람에 외로움을 달래고 있다.

하늘은 그래서 아량(雅量)으로 눈을 내려주는지 가지마다 소담한 백설이 뒤덮였다. 따뜻한 이불을 덮어준 듯 모두들 포근해 보인다. 점점 깊어가는 겨울, 포근하게 잠이든 나무들. 그 위로 한 잎 두 잎 고마운 눈 잎이 두텁게 쌓여간다.

나는 저들 곁에서 마음을 모은다. 기도하듯 묵념을 하고 있는 저들을 따라 우두커니 서서 저들을 바라본다. 마치 내가 저들인양 추운 겨울을 어떻게 보내야 할지 걱정을 한다. 빙점에 서 있어야 하는 겨울산의 내 친구들, 저들은 내가 산책을 할 때 노익장(老益壯)이라고 늘 박수를 보냈고 기관지염증과 싸울 때는 내 코에 신선한 입김을 불어줬다. 그런 내 친구들이 이제 삼동(三冬)을 맞았다. 저들은 이제부터 얼어붙은 땅에 저렇게 서서 고독을 씹어야 한다. 그런데 겨우 내내 무엇을 생각하고 있을까? 그것이 궁금하다. 비이장목(飛耳長目)이라 했던가. 먼 곳에 있는 것을 능히 듣고 볼 수 있는 지혜자(智慧者)처럼, 산(産) 달에 출생할 아이를 생각하는 산모(産母)의 생각처럼, 삼동(三冬) 동안 저렇게 서서 무엇인가 생각하는 것이 있지 않겠는가. 새들이 밤낮으로 불러주던 노래, 따스한 봄날 남쪽에서 불어오던 훈훈한 봄바람, 매미 떼들이 신 나게 노래하던 한여름의 정취, 꽃을 피우고 열매를 맺고 풍만한 자태를 자랑할 때 온갖 새들이 날아와 지저귀며 축하하던 그 시절을 희구(希求)하는 것이 아니겠는가.

그렇다, 생각하는 계절, 겨울은 생각하는 계절이다. 혹한에 움츠려 무심하지 싶지만 그럴 수는 없다. 인간이 생각하는 주위에는 생각하는 저들이 있어 나는 행복하다. 내 동네 안녕 골은 지금 깊은 생각에 잠겨 있다. 겨우 내내 생각하고 또 생각을 할 것이다. 나도 올 겨울에는 저들을 따라 진지하게 생각할 것이 있다. 수필문학의 소지(素地)에 대한 생각이다. 그렇다. 수필은 생각하는 문학이다. 생각하는 계절에 수필의 세계를 깊이 있게 생각하고 싶다.

※ 비이장목(飛耳長目) : 먼 곳에 있는 것을 듣고 볼 수 있다는 뜻으로 미래를 관망할 수 있는 사람을 일컫는 말.

빠똥과 말양

홍계신
(수필가)

요즘 들어 손녀와 지내는 시간이 많아졌다.

내게 특별한 볼일이 없거나, 딸애가 직장에서 행사가 있어서 늦게 퇴근하게 되면 어린이집에 맡긴 아이를 데려와 달라고 내게 SOS를 친다.

서울서 딸이 사는 안산까지 족히 2시간 30분이 걸린다.

전철을 타고 계절 따라 변하는 자연의 모습을 바라보는 온전히 나만의 호젓한 3시간여의 여행은 내게 특별한 의미와 재미를 더해준다.

모처럼 음악을 듣거나 즐겨찾기 해둔 도자기와 여행정보를 인터넷 서핑을 하다 보면 어느새 목적지에 다다르게 된다.

손녀를 만나러 가는 시간은 늘 기대와 새로운 모험이 기다리고 있다.

다른 아이들보다 말이 늦은 손녀는 24개월이 지난 지금도 엄마, 아빠, 할미(할머니), 하삐(할아버지)와 제가 먹고 싶은 것들이나 벽에 붙여놓은 그림으로 그려진 사물의 단어들을 가리키며 말배우기를 한다. 두음절로 된 단어를 쉴 새 없이 종알거리며, 뜬금없이 알 수 없는 말들을 뱉어낸다. 세 음절 단어는 아직 발음하지 못한다. 가령 바나나는 반나가 되고 초콜릿은 초콜로 변한다.

그리고 그 외 제 의사표시는 '응 응'으로 만사를 해결한다.

동화책을 가져와 내밀며 응 응 하면 읽어달라는 뜻이요, 냉장고 손잡이를 잡고 응 응 하면 냉장고에서 먹을 것을 꺼내달라는 뜻이다. 싫으면 손사래와 함께 '으응 으응' 하며 얼굴을 찡그리고 머리를 가로젓는다.

손녀에게 있어 말이란 극히 필요한 몇 개의 단어만 있으면 제 뜻을 충분히 펼 수 있는 그저 그런 도구에 불과하다.

옛적에 영어단어를 외우느라 골머리를 앓을 때, 얼핏 누군가가 300개의 단어만 알고 있어도 의사소통이 가능하다고 말하는 것을 들은 적이 있다.

지금 손녀야말로 몇 개의 단어와 제스처, 표정으로 불편 없이 지내고 있다.

말이 늦은 손녀를 위해 나는 될 수 있으면 많은 단어를 말하고 익히게 하려고 눈에 띄는 것은 다 발음하여 손녀에게 연습을 시킨다.

요즘 손녀 때문에 박장대소하는 일이 많아졌다.

저를 몹시 귀여워하는 삼촌을 가리키며 '삼촌' 하니까 '빠똥'하는 게 아닌가. 그래서 천천히 '사암초온'이라 발음하고 따라 하라고 하니 생뚱맞게도 '빠똥'이 나온다. 내 발음이 이상해서 아이가 잘못 발음하는

가해서 몇 번이고 되풀이해 가르쳤지만, 돌아오는 대답은 한결같이 '빠똥'이다. 내가 발음한 '삼촌'이란 단어가 아이의 귀에는 '빠똥'으로 들리는지 한결같이 빠똥이란 대답만 되돌아온다.

빠똥……. 빠똥…….

듣기에 가히 나쁘지 않다. 아니 오히려 재미있고 특이해서 그때부터 삼촌은 빠똥이 되고 말았다. 그렇게 해서 국어사전에도 없는 새로운 낱말이 하나 탄생되었다. 세종대왕께서 이런 불상사를 뭐라 하실지 모르나, 하여튼 작은 입술을 한껏 오므려 빠똥 하고 발음할 때면 삼촌이면 어떻고 빠똥이면 어떠랴싶어 그냥 지나치기로 했다.

하루는 손녀가 양말을 들고 와 신겨달란다.

나는 또 양말을 가리키며 '양말' 했다. 아이는 '말양' 하고 따라한다. 어째서 양말이 그 아이의 귀에는 말양으로 들렸는지 아무리 생각해도 모르겠다. 내 발음이 빨라 아이가 따라하지 못하나 해서 '양'하니 아이도 '양'한다. 이번에는 '말'하니 아이는 또 '말'하고 따라한다. 그렇게 두어 번 연습시키고 '양말' 하고 말하니 아이는 '말양' 하는 게 아닌가? 신기하기도 하고 영문을 몰라 다시 '양'하고 '말'을 간격을 두고 천천히 발음하면 곧잘 따라하다가도 '양말' 하면 영락없이 '말양' 한다.

박장대소가 터진다. 평생 이렇게 큰소리로 적나라하게 웃어본 적이 있는가 싶게 배를 쥐고 웃는다. 그 하는 양이 하도 귀엽고 또 어이없어 몇 번이고 발음을 연습시키지만, 틀림없이 아이는 양말을 말양으로 거꾸로 발음하는 것이 아닌가. 나중에는 내 말에 박자까지 맞추어 내 입에서 말이 떨어지기가 무섭게 '말양' 하고 의기양양하게 대답한다. 시차를 두고 발음해도 아이는 잊지 않고 거꾸로 말양을 외친다. 홍부가 박을 타며 제 마누라와 대거리하듯, 손녀는 신이 나서 내 말이 떨어지기가 무섭게 말양 한다.

그렇다면 삼촌은 왜 '촌삼'이 아니고 빠똥이 되었을까.

손녀에게 다시금 '삼', '촌'이라 발음하고 따라하게 한다. 한 음절 일 때는 제대로 삼, 촌 하다가도 내가 '삼촌' 하면 저는 '빠똥' 하고 대구한다. 이 불가사의를 어떻게 풀어야할지…….

우리 가족은 요즘 '삼촌'과 '양말'이란 단어로 큰 웃음을 웃는다. 온 가족이 둘러앉아 무슨 연극이라도 하는 듯 손녀를 세워놓고 두 단어를 발음하게 한다. 아이는 이제 이것이 저의 큰 장기이기나 한 것처럼 의기양양, 제 나름으로 즐기며 단어를 내뱉는다.

아이들은 모두 제 나름의 말들을 만들어 사용한다. 국어사전에 없는 낱말이건 또는 상대가 알아듣지 못하건 말건 제가 사용하면 곧 만국공통어가 되는 것이다.

생면부지의 말이라 해도 부모와 친지들이 알아듣고 아이의 표현에 따라 응해주면 되는 것이다. 또 또래들끼리의 소통에도 문제가 없다.

세계 만국공통어라는 보디랭귀지라는 몸짓언어도 있지 않은가.

세계 어디를 가서든, 두 살짜리 아이와 또는 팔십 노인과 대화를 할 때, 이 몸짓 언어면 만사 오케이다.

단어에 대해 제 나름으로 해석하고 제가 창안해 낸 말을 고집하는 아이를 보며, 언어의 전혀 색다른 기능을 발견하고는 혼자 웃을 때가 많다.

아이는 언어의 연금술사이다. 어른이 생각지도 못한 말들을 만들어 제 의사를 충분히 밝힌다.

예전에, 언어의 기원이며 갈래며, 고대어와 현대어의 구분을 밝히느라 골머리를 앓던 일이 새삼 어리석어 보인다, 아이의 작은 입에서 끊임없이 흘러나오는 신생어(新生語)를 들으며…….

제2부

회원 광장

■ 강병남 편

효우천 (孝牛泉)

중국 운남성 곤명 서산에는 효우천이 있다. 절벽 중턱에 사방 1m가 채 안 되는 우물 안쪽엔 조각된 송아지가 있고, 우물 밖 언저리엔 어미 소가 앉아 있다. 암벽에 우물이 있는 것도 신기하지만 그 우물에 대한 전설을 만들어 소개한 중국인의 효 사상에 놀라지 않을 수 없다. 어미 소의 머리를 만지면 자식들이 효를 행한다는 전설에 따라 서산 용문을 찾은 관광객들이 이곳을 지나면서 어루만진 소머리는 윤기가 반질거린다. 효를 기대하는 것조차 사치로 여겨지는 이기적인 현실이 아쉬워서일까? 이곳을 지나는 사람들마다 마음속으로 효를 생각하는 것만으로도 만족이다. 발걸음을 옮기지 못하고 만지고 또 만지는 사람들의 가슴에 새겨진 전설의 의미가 무엇일까?

'옛날 곤명에 조오라는 백정이 살았는데 우시장에 가서 송아지가 딸린 암소를 사왔다. 장날 아침에 어미 소를 잡으려고 숫돌에 칼을 갈고 있을 때 갑자기 밖에서 '조오야'하고 부르는 소리가 들렸다. 칼을 갈다 말고 밖으로 나갔으나 아무도 없었다. 다시 돌아왔을 때 숫돌 앞에 두고 간 칼이 없어졌다. 한참 찾다 보니 외양간에서 송아지가 배아래 칼을 깔고 누워서 큰 눈에 눈물방울을 떨어뜨리고 있었다. 송아지와 눈이 마주친 조오는 어미를 죽이지 말라고 애원하는 송아지의 감동적인 행동에 큰 충격을 받았다. 그 길로 백정 일을 그만두고 소 두 마리와 함께 서산으로 들어가 농사를 지으며 살았다. 세월이 지나 어미 소는 죽고 송아지가 어미 소가 되어 조오를 도왔다. 그곳 서산에는 물이나지 않는 돌산이다. 산 중턱에 사는 조오는 매일같이 산 밑에 내려가서 물을 길어오곤 하였다. 어느 때부턴가 소는 뿔로 돌산을 쪼아서 샘을 파기 시작했다. 뿔이 다 닳아 피가 나도록 땅을 파자 그곳에서 맑은 샘이 솟아났다는 전설이다. 엄마소를 살려 달라고 애원했을 때 그 소원을 들어준 주인에게 보답하는 송아지의 효행이 중국 사람들의 마음에 오래도록 아름다운 이야기로 전해오고 있다.' 효우천의 유래다.

전설로 전해오는 이야기지만 마음이 짠하도록 감동적이다. 300여m나 되는 절벽 협길을 타고 내리면서 보고, 듣고, 생각하는 즐거움까지 얻을 수 있도록 작은 것에도 의미를 부여하는 중국인의 지혜가 돋보이는 여행지였다.

숨 가쁘게 달려온 나를 뒤돌아보게 하는 곤명에서의 연말연시가 희망으로 피어오른다. 여행이 주는 뜻밖의 행운이다.

소만도 못한 사람이 되지 않기 위해선 효의 근본을 이해하고 실천하는 노력을 게을리 해서는 안 될 것 같다. 효의 근본은 도리를 지키는 보은이 아닐지 싶다.

공자는 효경(孝經)에서 효는 인간이 갖춰야할 최고의 덕목으로 꼽았다. 세월이 변했어도 효의 근본이 없어질 리는 없다. 눈을 감고 효의 본질을 음미해 본다.

'사람의 신체와 머리털과 피부는 모두 부모에게서 받은 것이니 감히 훼손하지 않는 것이 효의 시작이고, 자신의 인격을 올바르게 세우고 도리에 맞는 행동을 하여 후세에 이름을 날려 부모님을 드러나게 하는 것이 효의 끝이다.[신체발부 수지부모(身體髮膚 收支父母), 불감훼상 효지시야(不敢毁傷 孝之始也), 입신양명 이후세(立身揚名 以後世), 이현부모 효지종야(以顯父母 孝之終也).]'

전자는 어렴풋이 따라 한 것 같은데, 후자는 영영 묘연할 것 같으니 나의 삶은 반효(半孝)에 그칠 것이 뻔하다.

여행은 보고 듣는 것에 국한되지 않는다. 잊고 살았던 지난 시간을 돌아볼 수 있는 생경한 이야깃거리가 있어 끌리는 것이다. 그 끌림을 찾기 위해 나는 오늘도 다음 행선지를 고민 한다.

헛걸음

세 번째 헛걸음이다. 기가 빠지고 맥이 풀릴 만도 한데 그렇지 않은 연유가 어디에 있는 걸까. 도대체 어딜 간 것일까. 궁금증이 나고 걱정스런 마음이 생기는 이유는 또 뭘까. 내가 갈급해서 찾아간 곳이지만 밝은 미소로 반겨주길 내심 바랐는데 인기척이 없어 허탈하다. 다른 곳에 가면 기다렸다는 듯이 반가운 눈빛으로 맞아줄게 뻔한데 알면서도 발길을 돌리지 못하고 집착하는 내 성미도 어지간히 보수적이다. 한번 믿음이 가면 변절을 모르는 우직함 때문이리라.

이래저재 벼르다가 한 달이 쉬 지나갔다. 이번에도 일방적으로 찾아간 셈이다. 사무실에서 4차선 도로를 가로질러 걸음을 재촉한다. 가로수 잎사귀를 훑고 지나온 초록 바람을 안고 빛바랜 머리카락이 나부낀다. 감춰진 두피에 숨통이 트임을 직감한다. 상쾌한 느낌이 오늘은 꼭 만날 것 같은 예감이다. 목적지가 눈에 들어온다. 가려진 유리창 틈으로 연한 형광등 불빛이 새어나온다. 발걸음에 힘이 붙는다. 만남을 극

대화할 속셈으로 힘주어 출입문을 잡아당긴다. 아뿔싸, 평소 같으면 손가락 힘으로도 열릴 문이 어깨 힘까지 가했지만 끄떡하지 않는다. 안을 들여다본다. 인기척이 없다. 화장실이라도 갔을까? 초조하게 기다려 봤지만 오늘도 헛수고라는 예감이 든다. 무슨 연유인지 궁금증이 돋는다. 십여 분이 지나고 유리창에 새겨진 번호로 전화를 한다.

"어디 계신가요?"

"오늘 오후에 퇴원합니다. 급성요로결석으로 입원을 했습니다."

발길을 돌린다. 네 번째 헛걸음이다. 네 번씩이나 헛걸음을 하게 만든 이곳은 단골이발소다.

또 한 달이 지났다. 토요일 늦은 오후였다. 오늘만은 틀림없으리라 벼르고 갔지만 보기 좋게 또 허탕이다.

언젠가부터 마음 놓고 드나들 이발소 찾기가 힘들어졌다. 분명 이발소를 표시하는 삼색회전등을 보고 들어갔는데, 이발사는 없고 화려하게 차려입은 여인들의 쉬어가란 코맹맹이 말에 뒤통수를 긁적이며 나온 적이 있다. 남성휴게실, 발관리, 피부관리 등으로 변절 영업을 하고 있다. 겉과 속이 다른 속임수다. 이후부터 이발소 찾기가 쌀밥에 뉘 골라내기보다 더 힘들다. 한동안 미용실을 이용했지만 왠지 정감이 가지 않았다. 양털을 깎듯 전동가위로 쉽게 밀어 올리는 것이 영 맘에 내키지 않았다. 차라리 머리카락을 기르는 게 낫겠다고 억지를 부리기도 했다. 혹자는 예술가 티를 내려는 건방증이 들어갔다고 질책할지 모르지만, 이발소 찾는 번거로움에서 해방되고픈 생각에서였다.

그분과의 만남은 5년 전이다. 내가 이발소다운 이발소를 찾지 못하고 있을 때였다. 이사를 하면서 가죽소파를 재활용 센터에 보내기 위해 길가에 내놓고 필요하신 분은 가져가도 좋다고 써 붙인 것이 인연으로 이어졌다. 그분은 정년퇴임을 하시고 젊었을 때 배워둔 이발 기술로 '모범이발소' 개업 준비를 하느라 소파가 필요하다고 했다. 철저한 원칙주의자요, 소신이 뚜렷한 분이었다. 대화중에 곁들인 위트에서 해박한 지식이 흘러나오기도 했다. 매일 정성껏 도시락을 싸준다며 아내 자랑을 할 때는 수줍은 소년이다. 머리를 자를 때도 전동기계를 쓰지 않고 빗과 가위로 다듬고 자른다. 사각사각 가위소리를 들으면 흐트러진 자세를 바로잡아 주는 것 같아 경건해지기도 한다. 내 마음에 꼭 맞는 집이다.

머리를 길러보겠다는 나의 환상은 무더위와 장마 앞에서 깨지고 말았다. 더벅머리에 익숙지 못한 탓도 있지만 생각했던 것과 달리 불편함이 한두 가지가 아니었다. 덥수룩한 나의 모습이 주위사람들에게 거부감은 주지 않았을까 하는 생각까지 겹쳤다. 내친김에 찾아간 이발소 오늘은 문이 열려있다. 반가운 마음으로 문을 열고 들어갔다.

"헛걸음 시켜드려 미안합니다"라고 인사를 건네는 주인장 얼굴이 수척해 보인다. 의자에 앉혀놓고 정성스레 가위질을 한다. 덥수룩하게 자란 머리카락이 사각사각 잘려 나간다. 덩달아 몸도 마음도 가벼워진다. 거울에 비친 얼굴이 10년은 젊어 보인다.

"3개월 치를 받아야 하는데 1개월 치만 받을게요"라고 한다. 따스하고 투박한 정이 말끝에 묻어난다. 이런 위트와 사각거리는 소리는 내 마음을 아련한 향수에 젖게 해서 몇 번의 헛걸음도 마다않고 또 기다렸다가 이 집을 찾는 이유이다.

오늘은 운수 좋은 날이다.

맷돌을 돌리며

눈이 내린다. 하얀 쌀가루를 뿌리듯 흩날린다. 앙상한 가지에 핀 새하얀 꽃이 포근함을 안겨준다. 역시 겨울은 눈이 내려야 제격이다. 눈길을 밟으며 병원에 가는 길이다.

병원에 가는 일도 쉽지 않다. 어느 병원에 어떤 진료과를 선택해야 하는지부터 벽이다. 종합병원에 전화해 안내를 받아도 딱히 떨어지는 답변은 들을 수 없다. 대부분 사람들은 이리저리 병원을 오가며 겨우 진료과와 전문의를 선택하게 된다. 시간 낭비다. 초기 진료를 위한 상담전문기관이 있으면 좋겠다는 생각을 해본다. 이런 불편을 조금이라도 해소시켜 주는 게 온라인정보다.

컴퓨터에서 레이노이드증후군(수족냉증)을 친다. 증상과 전문치료 병원까지 안내해준다. 대부분 과잉 스트레스성 질환이다. 스트레스를 받게 되면 열이 각 신체에 발산되지 못하고 심장과 가슴에 머물러 있게 된다. 손발이 차고 손가락 끝 말초신경이 팽창하여 혈액순환 장애를 일으켜 손이 붓고 고통을 호소하는 증상이다. 모든 병의 근원이 스트레스에서 시작 된다고 한다. 알면서도 마음대로 할 수 없는 게 우리의 일상이다.

오랜 유학생활을 하고 돌아온 큰딸 정효가 손가락이 부어오르는 통증을 호소했다. 1년 동안 LSE에서 석사과정을 마치고 논문을 통과하면서 일순간에 방출한 에너지가 손이 부어오르도록 자신을 괴롭힌 것 같다. 찜질을 해 주었다. 차도가 없었다. 걱정이 되었다. 전문병원을 찾아갔다. 수족냉증이 의심됐다. 집근처 DMC한・양방종합병원이다. 중풍 전문병원으로 잘 알려진 병원이다.

혈류검사를 위해 검사실로 향했다. 치매, 뇌졸중, 중풍전문 크리닉센터 안에 있다. 문을 여는 순간 병마와 싸우는 사람들이 재활치료를 받고 있다. 죽음의 위기에서 벗어나 한쪽이 마비된 몸을 재활운동으로 치료하는 환우들이 저마다 의지를 불태우고 있다.

맷돌을 돌린다. 천천히 돌아가는 맷돌 속에는 그분들이 살아온 인생의 희로애락이 모두 담겨있다. 맷돌에 갈린 콩이 두부로 다시 태어나듯 그분들도 새로운 희망의 끈을 붙잡고 돌리고 있다. 혼신의 힘을 다해 돌리는 모습이 짠해 보인다. 간호사의 도움으로 5분 정도 돌리고 나면 뒤를 이어 보호자의 도움을 받아 일정시간 동안 돌려야 한다. 근력을 되살리는 과정이다. 죽은 기능을 살리는 피나는 노력이다. 몸도 제대로 가누지 못한 반신의 몸으로 패그보드(원통형 나무토막)를 바구니에 옮겨 담는 운동을 반복하는 할머니의 당찬 의지도 보인다. 여러 가지 기구를 통해 잃어버린 건강을 되찾기에 매진하는 모습들이 애처롭다.

눈에 띈 부부가 가슴을 아프게 짓누른다. 60은 넘어 보이는 남편이 간호사의 도움으로 오른손목에 보호대를 차고 맷돌을 돌리기 시작했다. 맷돌은 일정한 방향으로 돌려야 한다. 힘이 부친 팔에 온몸을 의지해 돌리고 또 돌린다. 간호사의 도움이 끝나고 부인의 도움으로 맷돌을 돌린다. 풀린 힘을 모아 안간힘을 써보지만 멈추고 만다.

"돌려, 팔꿈치를 수평으로 올려야지"

주위사람의 시선은 아랑곳하지 않고 아내의 목소리가 높아진다. 아내는 퉁명스럽게 호통을 친다. 환자의 입장과 아내의 입장이 교차된다. 누구를 탓할 상황도 아니다. 예측건대 병상에서 오랜 시간을 보내는 동안 환자도 아내도 지쳐있는 듯했다. 아내의 퉁명스런 지시에 대꾸할 힘조차 없어 보이는 눈빛으로 운동을 계속한다. 짜증을 내는 아내도 저항할 능력조차 잃은 남편도 애처롭긴 마찬가지다.

오십대의 또 다른 환자는 아내의 극진한 보살핌에 감동 받아서 일까 얼굴에 화색이 돈다. 왼손에 보호대를 차고 이를 악물고 신나게 돌린다. 지켜보는 아내도 몸짓으로 응원을 한다. 환자도 보호자도 지친 기색이 없어 보인다. 대조적이다. 같은 증상을 앓고도 표정이 밝은 사람과 그렇지 못한 사람의 치유효과는 다를 수밖에 없어 보인다. 저 환자들도 쓰러지기 전까지 삶의 현장에서 누구 못지않게 열성을 부렸을 텐데, 한순간에 빼앗긴 건강 앞에 몸도 마음도 함께 무너진 것이다.

건강은 건강할 때 지켜야 한다는 말을 듣고도 쉬 지키지 못하는 게 우리의 삶이다. 바쁠 땐 바쁘다는 핑계로, 한가하면 게을러져 운동을 못하는 나의 삶도 예외는 아닌 듯싶다.

중풍전조증 문진표가 눈에 들어온다. 가까이 다가가 읽어 본다.

'두통이 오래 계속되고 의심, 신경질 등 자신도 모르게 성격이 변했다는 소리를 듣는다. 뒷목이 뻣뻣하고 머리가 무겁다는 느낌을 받을 때가 많다. 몸에 균형이 잡히지 않고 어지러우며 물건이 둘로 겹쳐 보이고 구역질이 날 때가 있다. 한쪽 얼굴이 둔하고 손발이 저리거나 힘이 빠지는 느낌이 올 때가 종종 있다. 안면 신경마비가 있거나 얼굴이 씰룩거리고 눈꺼풀이 경련을 일으킬 때가 자주 있다. 한쪽 또는 양쪽 눈이 가끔 보이지 않거나 희미할 때가 있다. 소리가 안 들리거나 이명이 날 때가 있다. 갑자기 말을 더듬거나 혀가 굳어져 말이 둔하며 혀가 움직이지 않을 때가 있다. 한쪽 손에 힘이 없어 물건을 떨어뜨리거나 다리가 후들거려 비틀거린 적이 있다. 몸의 한쪽 팔, 다리, 얼굴 근육이 저리거나 약하게 느껴질 때가 있다. 가슴이 아프고 숨이 찰 때가 가끔 있다. 위 항목 중 2개 이상에 해당되면 중풍전조증에 대한 검사가 필요합니다.'

코끝이 시큰해진다. 2개 이상 해당되는 것 같기도 하고 아닌 것 같기도 하다. 헛갈린다. 아름다운 황혼을 위해선 건강해야 한다. 건강은 타고난 신체를 자신이 스스로 가꿔가는 것이다. 현재의 삶에 전력투구를 하는 것도 좋지만 미래의 삶을 위해 적당히 투자하는 것도 잊어서는 안 될 일이다. 노년에도 부부가 서로에게 부담을 주는 일 없이 행복한 시간을 보낼 수 있다면 얼마나 좋을까. 희망사항이겠지만.

건강검진센터에서는 일주일에 세 번 이상 등에 땀이 젖도록 운동을 하라고 권한다. 그 기준에 의하면 나의 일상은 낙제를 면치 못할 것 같다. 맷돌을 돌린다는 심정으로 당장 운동을 시작해야겠다.

■ 김경남 편

노년 예찬

오늘도 나는 시허연 머리칼을 염색한다. 시작해서 끝내기는 30분에 불과하지만 그동안 나의 비애는 바다처럼 넓고 깊다. 이윽고 거울에서 만나는 새까만 머리칼들, 아! 박꽃 같은 환한 마음이 조금 전의 비애를 새털처럼 날려버렸다.

머리칼의 염색은 자신이나 타인에게 젊게 보이고자 하는 것이다. 아니, 깊이깊이 생각해 보면 추적이는 가을비 같은 비애를 한동안만이라도 외면하고 싶어서이다. 노인의 눈, 코, 귀, 입, 머리, 그리고 팔과 다리, 몸에 아로새겨지는 늙음이란 불청객, 그 중에서도 자타를 막론하고 가장 눈길을 잡아끄는 것은 서리 내린 머리칼이다. 그러고 보면 시허옇게 된 머리칼은 늙음의 전령사이며 늙음의 대명사이다.

인생이란 무엇인가. 사람들은 단 하나뿐인 생명으로 오직 한 번만의 삶을 가치롭게 승화시키고 보람으로 꽃피우기 위해 자신의 삶을 꽃밭처럼 일군다. 씨앗을 뿌리고 거름을 주고 잡초를 뽑아주고 이윽고 찾아온 개화의 환희, 그리고 열매 맺는 보람……. 그러나 이내 찾아오는 노쇠 현상. 서리가 내리는 머리, 골이 지는 이마, 쭈글쭈글해지는 피부, 처지는 눈꼬리, 약해지는 청력, 옴팡해지는 입. 꼬부라지는 허리…….

늙음을 속여보고자 안간힘을 써 본다. 염색으로, 안경으로, 보청기로, 의치로, 성형수술로 젊고자 하나, 일시적인 땜질이요, 위장이요, 보완이요, 임시방편일 뿐이다.

아아! 저 허연 머리칼은 무슨 연유로 생겨났는가? 저 이마의 골은 어찌하여 파였는가? 저 피부는 왜 코끼리 같이 쭈글쭈글해졌는가? 저 눈꼬리는 왜 처졌는가? 점점 떨어지는 청력은 무엇 때문인가? 하나 둘 썩어가는 저 치아는 무엇 때문인가? 저 낙타등 같이 굽은 허리는 무엇을 말해주는가?

한 생각 문득 돌이켜 본다. 그 현상들은 바로 영광의 역사인 것이다. 희어진 머리칼 한 올 한 올에는 삶에의 노고와 수고와 각고가 새겨지고 또 새겨진 것이다. 골이 진 이마는 부대끼는 일마다 깊이 생각하고 신중하게 대처함의 흔적이다. 쭈글쭈글한 피부에는 세월의 비바람과 점철된 희로애락이 아로새겨져 있으며, 저 처진 눈꼬리는 참되고 착하고 아름답고 성스러운 것과, 거짓되고 악하고 추하고 속된 것을 똑바로 관(觀)하느라 피곤에 절은 것이다. 어둑해진 귀는 옳고 그름과, 바르고 틀린 것을 분별하느라 원기가 쇠잔해서이다. 옴팡해진 입은 충실한 삶을 위하여 봉사와 활동으로 닳고 또 닳은 것이며, 구부정한 허리에는 삶에의 의무와 사명에 헌신했던 역사가 새겨져 있다.

이러한데 어느 누가 있어 감히 노년의 모습을 초라하고 추하다고 말할 수 있을까? 장군들의 가슴팍에서 찬란하게 빛나는 황금빛 훈장은 영광스러운 직무훈장이다. 그러나 수십 년 바람과 서리 앞에서 삶을 끌어안고 살아온 노인의 온 몸으로 뿜어 나오는 저 금강석빛 훈장은 인생훈장이기에 더할 나위 없이 숭고하고 또 숭고하다.

노년은 인생 촌장이다. 삶의 계단을 가장 많이 올랐기에 많이 바라볼 수 있다. 가장 높은 곳에 서 있기에 멀리 볼 수 있다. 저 젊은이들의 얼굴을 보아라, 저 아만과 자만으로 빛나는. 저 젊은이들의 말을 들어보아라, 가볍게, 함부로 뱉어내는. 저 젊은이들의 행동을 보아라, 좌충우돌, 천방지축하는. 그러기에 노년은 젊은이들에게 철학자 같은 예지로, 인생의 행복과 불행을 미리 알아 삶의 이정표를 일러주고 인생 지침서를 보여준다.

노년은 낙락장송이다. 무리 지은 소나무가 아닌, 저 산마루에 우뚝 서 있는 큰 소나무다. 위용과 위엄과 위신을 두루 갖춘 저 모습. 빼어난 허리에는 품격이, 뻗은 가지에는 삶의 예지가, 푸르른 잎은 희로애락을 초극하였다. 소나무의 눈은 세상을 다 보며, 소나무의 귀는 세상을 다 듣고, 소나무의 마음은 세상을 다 읽는다.

노년은 기도하는 선각자이다. 침묵할 줄 알고 기다릴 줄 안다. 가야 할 때를 알고 머물 때를 안다. 이상적인 삶을 살았는가, 나의 도리와 사명에 충실하였는가를 늘 성찰한다. "내가 헛되이 보낸 오늘은 어제 죽은 이가 그토록 원하던 내일이었다." 고대 그리스 비극 시인 소포클레스의 말을 되새기며 살 줄 안다. 오늘 숨 쉬고 있음에 감사하고 그 겸허한 마음가짐으로 내일에도 숨 쉴 수 있음에 감사하여, 앞으로의 하루하루를 더 의미 있고 더 가치 있게 보낼 줄 안다.

노인이여! 중년의 시절에는 생계를 위하여 일벌레로 살아왔다. 마음

고생, 몸고생으로 보낸 세월이 하고많지 않았던가? 수십 년 세월을 상사의 눈치를 보며 불편하게 살아오지 않았던가? 출세를 위해 남의 어깨를 밟거나 혼자 질주하느라 마음을 졸이지 않았던가?

그런데 이제 노년에 이르러 일에서 손을 놓았다. 다시금 일의 노예로 살고 싶어진다. 허탈감을 훌훌 날려버리고 자유로운 마음과 몸으로 이제부터는 휴식이 주는 여유와 평화를 누릴 때이다. 삶을 재조명하고 자아성취형 일을 찾을 때이다. 주인이 되어 진정한 인생의 관리자로 살아야 할 때이다.

인생은 한 편의 연극이다. 주연으로 활동하던 무대에서 내려와서 관객과 감독과 연출자의 눈과 마음으로 초연히 무대를 바라본 후 그 알싸한 느낌으로 교훈을 삼고 자신의 남은 삶과 인생을 꾸려 나가야 한다.

인생은 한 권의 책이다. 사람들은 조심하고 또 조심하며 꼼꼼히 열심히 성실하게 한 장 한 장 책장을 넘겨왔다. 이제 마지막 책장을 덮을 때까지 아직도 많이 남아 있는 책장에 감사하며 정성껏 자신의 인생 책장을 넘겨야 한다.

가야할 때를 알고 가는 이의 뒷모습은 아름답다. 아름다운 뒷모습을 남기기 위해서 노력하는 노년은 그래서 더 아름답다.

노을이 지는 삶의 뜰에서 남은 생을 바라본다.

탁발승(托鉢僧)

가을이 져버린 11월 초, 나는 오늘도 그 탁발승이 보고 싶었다. 퇴근을 할 때면 늘 하던 식으로 차를 몰아서 건대입구역 4거리 좌회전 차선에 들어섰다. 왼쪽 방향 지시등을 켜놓고 얼른 그 쪽으로 고개를 돌렸다. 차창 밖에는 수십 명 남녀노소 행인들이 서 있다가 녹색 신호등이 켜지자 바삐 횡단로를 오가고 있었다. 교차로 옆에 삼각형 모양의 좁다란 폭의 보도블록 위로 눈길을 던져 보았으나 보이지 않았다…….

나는 맥이 빠지고 서운해졌다. '그럼 그렇지, 탁발의 어리석음을 이제야 아신 게야. 인심은 얼음과 같고, 세상은 쇠붙이고, 불심도 없고 삼보(三寶)도 나 몰라라 하는 양을 이제야 아신 게야. 정성을 다하여 쳤던 목탁소리도 중생들에게 한낱 소음이 되어 되레 행인들의 발길을 재촉하게 한 촉매가 되었다는 것을 이제야 아신 게야.' 나는 괜히 화가 나서 마음대로 추측하고 마음대로 지껄였다.

그러니까 그 장소에서 탁발승을 처음으로 보게 된 것은 7월이었다. 한여름의 더위는 회색빛 건물들과 딱딱한 도로들과 혼잡한 거리들을 벌겋게 데우고 있었다. 건대입구역, 이 4거리로 말하자면 지하철 2호선과, 7호선이 만나게 되는 환승지역이라 전철을 갈아타려는 행인들로 늘 북적대는 곳이다. 분당으로 가는 청담대교로 늘 퇴근을 하는 나로서는 이곳에서 신호 대기차 수십 초를 멈춰 서 있으면서 차창 밖의 풍경을 무료하게 내다보기 마련이었다. 어느 날 무심코 왼쪽 차창 밖을 바라보고 있었을 때였다. 오가는 행인들의 무수한 다리 가랑이 사이로 밀짚모자를 눌러 쓰고 가부좌를 틀고 앉아 있는 회색빛 차림의 승려가 얼핏 보였다. 얼른 창문을 내렸다.

"탁 탁 탁 탁 ……."

목탁 소리가 들려 왔다.

탁발승이 탁발을 하고 있었다. 반가웠다. 그러나 다음 순간, 한국불교 조계종단에서는 승려의 신분으로, 혹은 속인이 승려 신분을 위장하여 거리 탁발을 하면서 간혹 불교나, 불법이나, 승려나, 불자의 이미지를 훼손하거나 민폐를 끼치는 사례를 우려하여 종법으로 탁발 행위를 금하고 있는 실정을 떠올리며 이내 착잡해졌다.

원래 탁발이란 승려에게 옷이나, 음식이나, 약이나, 잠자리를 공양하거나 법을 설하는 것으로, 탁발의 진정한 의미는 아집과 아만을 없애는 승려 자신의 수행과 보시하는 자의 복덕을 길러주는 공덕을 쌓는데 있다. 이는 아름다운 전통이 되어 부처님 당시부터 있었으며, 석가세존도 탁발하였으며, 인도의 성인 마하트마 간디도 탁발하였으며, 신라의 고승 원효도 탁발승이었다. 기독교에도 13세기 고대 이탈리아 아시시(Assisi)의 탁발승 성 프란체스코가 창설한 탁발 수도회가 철저한 무소유, 청빈 정신으로 한때 교세까지 왕성했었다. 지금도 미얀마, 태국, 스리랑카 같은 남방 상좌 불교국가에서는 탁발이 성행하고 있고, 공양을 하거나 공덕을 쌓는 행위가 일상화되어 있기도 하다.

그런데 나는 이러한 시대적 상황에도 불구하고 이렇게, 도회지 번잡한 대로변에 앉아 불특정 다수를 상대로 염불 독경하며 탁발하는 모습에서 수행 탁발의 원래 취지가 느껴진다고 긍정적으로 생각하기로 하였다. 그러면서도 한편으로는 스님의 탁발행위가 안쓰럽다고 느껴지기 시작하였다. '요즘 세상에 누가 있어 시주를 할까? 진짜 승려는 탁발을 하지 않는다며 의심의 눈초리를 던질 터인데 진정 수행삼아 저리하시는 걸까…….' 나는 온갖 상념으로 마음 아파하고 속상해 하였다.

나로 말하자면 명색이 불교 종립학교에 몸담고 지혜와 자비를 바탕으로 건학 이념을 구현하고자 노력하는 여교사이다. 평소에 부처님과, 불법과, 스님을 존경한다 하면서 불교를 생활화하며 살고 있는 불자이다. 그렇게 자부하는 나의 경우에도 탁발 행위를 탐탁히 보아 주지 않는데 이교도나 무종교자의 경우 과연 탁발의 모습이 경건하게 보이고 과연 탁발의 목탁 소리가 이쁘게 들리겠는가?

도회지 한복판에서 듣는 목탁 소리! 그래, 솔직히 생경하게 들렸었다. 수련회에 참가하여, 이른 새벽을 깨우는 도량찬 때 듣던 그 청아한 소리도 아니었다. 새벽 예불 때 어둑한 법당을 잠깨우던 투명한 소리도 아니었다. 정진 때 듣던 그 맑은 소리도 아니었다. 번잡한 역 4거리, 전철역을 떠받치고 서 있는 거대한 원통형 교각들이 죽 늘어서 있는, 질주하는 차량들이 내는 소음과, 대로변 고층빌딩과, 울긋불긋한 상가, 오가는 행인들, 그 발길 따라 일어나는 땅 먼지에 아랑곳 하지 않고 거리를 울리던 그 목탁 소리는 그런 풍경과는 생뚱맞지 않았다.

그 후 나는 퇴근길마다 그 지점에 이르면 눈으로 탁발승을 보았으며 목탁 소리를 들었다. 그런데 웬일인가? 처음에는 생경하게 들리던 그 목탁 소리가 마치 무언가를 부셔버리듯, 빠개듯이 들리는 것이 아닌가? 듣게 될수록 그 목탁소리는 거리 풍경을 때리고, 나를 때리고 있다는 생각이 드는 것이었다. 어설픈 좌선 중에 왼쪽 어깨를 한 번, 오른쪽 어깨를 세 번이나 두들겨 맞았던 그 따가운 죽비 소리, 그래, 목탁 소리는 경책으로 나를 후려치고 있었다. "미망과 미혹의 잠에서 깨어나라. 허우적거리는 삼독의 늪에서 일어나라."고 말하고 있었다! 왜 그렇게 들렸을까? 사바세계에 찌든 나의 모습의 반증이 아닐까? 나는 목탁 소리를 들으며 나를 돌아보게 되었다. '그래, 저 목탁 소리는 스님의 수행도 아니고 보시 공덕을 위한 소리도 아니야. 나에게 주는 메시지야.'

그런 이후 나는 퇴근길마다 그 지점에 이르면 탁발승을 보려고 하고 목탁 소리를 들으려고 하였다. 마음 같아서는 차를 돌려 근처에 주차를 하고 스님께 다가가 시주도 하고 싶었다. 그러나 몇 십초 동안 머물다가 차를 몰고 가기에 바빠했었다. 힐끗 고개를 돌려 찰나적으로 바라보았을 때에도 무심한 표정의 행인들이 옷자락을 휘날리면서, 신발 먼지를 일으키며, 스님 앞을 바삐 지나갔었고, 더더구나 허리를 굽혀 시주를 하려거나 스님께 합장해 보이는 모습을 본 것 같지 않았다.

매일 그곳에 그 탁발승이 있었던 것은 아니었다. 여름이 스러지고 가을이 누렇게 다가오자 가로수 나뭇잎들이 거리에 깔리면서 탁발승의 모습이 보이지 않게 되었다.

오늘, 나는 늘 그랬던 것처럼 신호를 기다리며 차창 밖 건너편을 바라보았다. 스님이 그리웠다. 목탁 소리가 그리웠다. 허전하였다. 그래, 그 탁발승은 세상과 인심을 알아보려는 불보살의 화신이었으리라. 탁발승의 모습으로 탐내고 성내고 어리석은 중생을 교화시키려고 오신 불보살이리라, 목탁 소리로 혼탁한 사회를 맑게, 밝게 하시려고 오신 불보살의 화신이리라.

누가 무어라 해도 자기 식으로 중생을 사랑하고 미물을 깨우치려고 했던 탁발승의 그 외롭고 꿋꿋한 몸짓이 수행자의 한 모습으로 중생들이 받아들어야 하지 않을까? 아무도 귀 기울여 듣지 않던 염불 소리와 목탁 소리이지만 이 소리야말로 우리 중생이나 미물이 듣고 깨우쳐야 할 진리이며 삶의 지혜가 아닌가?

나는 가만히 속으로 탁발승에게 말할 것이다.

"스님, 무엇을 얻으셨습니까? 아니면 우리 중생에게서 무얼 느끼셨습니까? 아직도 불법으로 세상을 바로 잡을 수 있고 불국토를 이룰 수 있다고 생각하시는지요. 그것이 어려운 것이라 해도 우리에게 희망을 주십시오. 그러지 않으면 우리는 대기를 오염시키는 이산화탄소처럼 무명과, 미망, 미혹, 아집과 아만에 질식되어 저 피안의 언덕에 이르지도 못하고 생을 마감하게 될지도 모른답니다."

한소식 얻지 못한 미물이 오늘도 탁발승의 그림자를 찾고 있다.

생(生)은 눈물의 힘으로 깊어진다네

나는 지금 40대 남제자가 준 그의 자전적 장편소설에 밑줄을 그어가며 읽고 있다.

그러니까 보름 전이었다. 결혼식장에서 우연히 대학 후배이면서 같이 근무한 적이 있었던 옛 직장 동료 국어과 여교사를 만났다. 그녀는 반색을 하면서 물었다.

"그 유명한 '연탄길'의 작가 이철환을 아세요?"

"몰라, 우리나라 소설가가 어디 한두 사람이야?"

"선생님 제자라는데도 모르세요?"

사연인즉 며칠 전에 그녀가 몸담고 있는 동국대부속중학교에서 그 학교 출신 소설가를 모시고 문학 강연회가 있었는데, 한 학부모가 질문을 했단다.

"어떻게 해서 문학의 길을 걷게 되었습니까?"

작가의 대답이, 중학교 2학년 때 '김경남'이라는 국어 선생님이 하루는 자기를 불러서 일기를 잘 썼다고 칭찬하시면서 학교 신문에 실어도 되겠느냐고 물어보셨고, 그 글이 신문에 실렸으며, 또 교내 백일장 때 쓴 글이 '가작'으로 뽑혀 상도 탄 적이 있었다는 것이다. 그렇게 글 솜씨를 인정받은 것이 계기가 되어 훗날 작가가 되기로 결심한 것이라고 하였다 한다.

듣고 나니 미안했다. 그 제자는 아직도 나를 기억하며 들먹이는데 나는 그의 이름도, 얼굴도, 그런 내용도 기억하지 못해서이다. 글을 잘 썼던 학생은 따로 불러다가 칭찬을 해주거나, 잘 쓴 글을 낭독해주었던 적이 많았기 때문이다. 그래도 교사의 한 마디 말이 제자의 인생길을 결정하는 데에 큰 영향을 주었다는 점에서 가슴이 뿌듯해져왔다.

한 번 만나야겠다는 생각을 하였다. 작가 이철환의 삶과 문학을 조금이라도 알고 가야 예의인 것 같아 인터넷으로 검색을 했다. '이철환', 그의 이름은 굵은 고딕체로 방방 뜨고 있었다. 인물, 카페글, 블로그, 이미지, 웹문서. 동영상, 뉴스, 지식, 게시판에도……. 『연탄길』, '이 세상에 자전거 길도 있고, 자동차 길도 있고, 아스팔트길, 빙판길도 있는데 왜 하필이면 연탄길이람?' 하면서도 읽지도, 보지도 못한 책의 제목에서 고된 삶과 서민의 애환이 묻어남을 느꼈다. 1, 2, 3, 4편이 나오도록 도대체 어떤 내용으로 360만 명의 심금을 울렸을까?

그의 가난은 글을 낳았고, 그의 아픔은 감동적인 글을 낳았던 것 같았다. 그의 글은 얼음 같은 인심, 쇠붙이 같은 세상, 레이저 광선 같은 세태와, 내가 창이 되면 네가 방패가 되고, 네가 창이 되면 내가 방패가 되어야 하는 이 생존경쟁의 시대에서, 얼음과 쇠붙이와 레이저 광선을 녹이고, 창과 방패를 버리게 하는 역할을 한 것 같았다.

나는 그가 자랑스러워졌다. 어려서는 교사 한 사람의 영혼을 감동시키더니, 어른이 되어서 수백만 인간의 영혼을 감동시켰으니 그가 얻은 명성은 필연이며 유명 작가라는 세간의 인증은 어찌 당연한 찬사가 아니겠는가.

가을이 스러져 가는 11월 초순, 드디어 만났다. 34년 만에, 28살의 처녀 선생과 15살의 앳된 남학생이 61살의 노교사와 48살 장년의 나이로 대면한 것이다. 내 근무처를 찾아온 철환을 태우고 분당의 한 음식점에서 따뜻한 밥을 함께 먹었다. 고된 삶에도 불구하고 그의 해맑은 눈동자와 선량하고 겸손한 표정에서 그가 인생을 얼마나 정갈하게 살아왔고, 그의 영혼이 얼마나 순결한가를 알 수 있었다.

우리는 율동공원을 거닐며 과거와 현실과 문학과 삶을 이야기했다. 헤어질 때 그는 최근에 펴 낸『눈물은 힘이 세다』라는 소설 한 권을 내게 주었고, 나는 이순 나이에 펴낸 첫 수필집『종이 속 영혼』을 건넸다.

그로부터 며칠 후인 오늘, 나는 그의 제자라도 된 것처럼 그가 준 책에 밑줄을 그어가며 읽고 있는 것이다. 마지막 문장은 이러하였다. "겨울은 눈 내리는 밤으로 깊어지고 생(生)은 눈물의 힘으로 깊어진다."

그날 나를 만나 내 눈을 바라보며 그가 한 말이 떠오른다.

"그때 저를 불러 일기를 보시며 하신 말씀을 기억하세요? '너의 글에는 진실이 있다'라고 하셨습니다."

'진실이라, 그래, 이 잘난 선생은 다달이 받은 월급으로 밥걱정 없이 살면서, 소질도 없고 50대에 등단한 주제에 수필을 쓰네, 평론을 하네

하면서 되지도 않은 글을 긁적이고 있을 때, 전업 작가인 너는 눈물 젖은 빵을 먹으면서 영혼의 글을 썼구나.'

제자는 유명작가, 스승은 무명작가. 그래도 스승이랍시고 목에 힘을 주고 제자에게 해 줄 수 있는 말이 무어라도 있어야 하지 않았겠는가. 옛날처럼 글을 잘 썼다, 못 썼다 할 수도 없고 다음과 같이 말해 주었었다.

"정치에 이용당하지 말고, 이념에 휩쓸리지 말고, 진정한 문학 냄새가 나는 좋은 글을 써라. 가슴으로 글을 쓰고, 그 영혼의 향기가 사람들에게 힘과, 용기를 주고, 삶의 자세를 가다듬게 하는 지침서 같은 글을 계속 써라."

공짜 심리

예로부터 전해 내려오는 말 중에 '공짜라면 양잿물도 먹는다.'는 속담이 있다. 이는 어렵게 살아온 선조들의 생활상을 간접적으로 표현해 주는 말이기도 하다. 먹고 살만 해진 요즈음이라고 해서 달라진 것은 없다. 공짜 좋아하는 심리는 예나 지금이나 또 동서양이 다르지 않다.

미국의 슈퍼마켓에서 물건을 고르다 보면 쉽게 눈에 띄는 문구가 있다. 'Buy One, Get One Free.'이다. 하나를 사면 하나를 더 준다는 말인데 제조회사 측에서 손해 보는 장사를 할 리 없고 그야말로 공짜 좋아하는 소비자들의 심리를 이용하는 상업적인 마케팅 전략인 것이다. 공짜 심리를 이용하는 건 상업뿐만 아니다. 각종 모임이나 행사에서도 읽을 수 있다. 개최하는 주최 측에서 참석률을 높이고 행사가 끝날 때까지 자리를 뜨지 않게 하기 위한 방안으로 마지막 순서에 경품 추첨 행사를 곁들인다.

주택복권제도가 반세기 가까이 장수하며 인기를 누린 것도 이처럼 공짜를 좋아하는 사람들의 심리가 저변에 깔려 있었기 때문이 아닐까? 내기 없는 고스톱이나 포커를 상상해 본다면 쉽게 이해가 갈 것이다.

내기나 게임장 출입자체가 나쁘다는 건 아니다. 나 역시 미국에서 지낼 때 몇 차례 카지노 출입을 한 경험이 있고 요즈음도 해외여행 중에 자투리 시간을 이용해서 슬롯머신도 곧잘 한다. 문제는 이러한 것을 가볍게 즐기는 정도로 만족해야지 빠져들면 곤란하다. 다 잃어도 가벼운 마음으로 일어설 수 있을 만큼, 게임료 정도의 배팅금액만 갖고 간다. 패가 잘되면 두말할 나위 없고 설령 안 되더라도 결과를 알게 될 때까지 느끼는 설렘과 스릴만으로도 족하다. 경품이나 내기의 범위가 그리 크지 않다면 오히려 우리 생활에 비타민이 될 수도 있다.

문제는, 이러한 공짜 심리가 너무 지나치므로 해서 파생되는 부작용이다. 단순한 게임의 범주를 떠나 자신의 인생을 걸고 때론 생명까지 담보로 하여 뛰어드는 도박근성이 문제인 것이다. 소위 일확천금을 노리는 사람들.

얼마나 신빙성이 있는 말인지는 모르나 카지노장 주변에 떠도는 말에 의하면 '중국 사람들은 게임하다가 자리에서 일어서는 때를 잘 알기 때문에 돈을 따간다.'고 한다.

이는 자기가 정해놓은 목표액에 도달하면 미련 없이 그날의 게임은 접는다는 말이다. 얼핏 생각하기엔 그리 어렵잖은 일일 수 있으나 막상 게임에 몰두하다 보면 생각처럼 쉽지 않다. 사람 심리가 잘되면 더 잘될 것처럼 여겨지기 일쑤이다. 이 점이 많은 플레이어가 돈을 잃게 되는 큰 원인중의 하나라고 여겨진다. 확률이 거의 반반이니 오를 때도 있고 내릴 때도 있기 마련인데 주머니가 텅 빈 상태일 때라야 자리에서 일어서게 되니 카지노 회사 측에서 돈 되는 사업일 수밖에 없지 않겠는가?

몇 년 전 몇 동료들과 미국 여행 중에 있었던 일이다. 일행 중에 유독 내기를 좋아하는 친구가 있었다. 도박의 도시 라스베이거스에서 일박을 하게 되었는데 참새가 방앗간 옆을 그냥 지나칠 리 없듯이 이 친구, 도박 사업에 기어이 한 몫 하겠단다. 우리는 의논 끝에 잃게 되어도 그걸로 끝내고 따게 되더라도 총 배팅액의 2배에서 일어서기로 약속하고 일정 금액을 갹출해서 그에게 주었다. 그날 운이 좋았던지 다행스럽게도 길지 않은 시간에 원하는 만큼의 목표 금액을 얻게 되어 가벼운 마음으로 자리를 뜰 수 있었다. 생각지 않던 공짜 돈이 생겨서 어떻게, 어디에 사용할 것인지 즐거운 고민도 하면서 일찍 잠자리에 들었다. 다음날 새벽 교통편을 이용하기 위해 일찍부터 서두르는데 문제가 생겼다. 분명 어젯밤 함께 잠자리에 들었던 그 친구가 보이질 않는 것이다. 여기 저기 알아보는 중에 외출복 차림으로 힘없이 걸어 들어오는 친구를 보게 되었다. 자기 딴에는 기왕 벌린 김에 한몫 단단히 챙겨서 친구들에게 멋진 여행과 추억거리를 만들어 주고 싶은 마음에 다시 카지노에 갔다가 자기 개인적으로 사용할 비용까지도 몽땅 날려 버린 것이다. 결국 공짜 즐기는 그 친구의 어리석음 때문에 공짜 여행은커녕 지니고 있는 돈마저 절약해가며 남은 여행을 해야 했다.

로또 복권이 나왔을 때 처음부터 국민적인 관심을 끌었다. 그 관심은 얼마 지나지 않아 인터넷 포털 사이트에서 인기 검색어 1위를 오랫동안 지켰고 지금도 그 인기는 대단하다. 복권판매의 캐치프레이즈인 '인생역전'에 걸맞게 1등 당첨금이 최소 수십억 원으로부터 수백억 원까지 된다. 그러나 당첨 확률이 814만 5060분의 1이다. 확률로 본다면 거의 비관적이다. 이렇게 당첨 확률이 적은데도 불구하고 로또에 열광하는 이유는 공짜를 좋아하는 심리적 요인 때문이다. 그리고 자신은 뭔가 다르다는 묘한 자아도취에 빠지기 때문이다. 심심풀이로 한두 장 사는 것은 그리 문제될 게 없다. 그러나 복권을 투기로, 사업으로 여기는 사람들이 계속 늘고 있다는 것은 큰 문제가 아닐 수 없다.

공짜를 좋아하고 사행심에 들뜬 이들을 유혹하는 정선의 카지노 강원랜드가 개장하자 많은 사람들이 몰려들었다. 전년도에는 1조 2천억 원이 넘는 천문학적 매출을 올렸다.

일확천금을 노리는 사람들이 인생역전을 꿈꾸며 복권, 카지노, 경마 등에 투자를 하는데 요행으로 당첨이 되었다고 하자, 과연 인생역전만이 그들을 기다리고 있을까? 얼마 전 미국에서 사상 최대인 3억 1400만 달러짜리 복권에 당첨된 주인공이 불과 2년 만에 쪽박을 차게 된 기사를 보았다. 로또 당첨이 화근이 되어 가정파경까지 이른 어느 가장의 사연은 인생역전의 의미를 꼭 좋은 의미로 해석할 수만은 없는 듯하다. 무엇이든 지나치면 부족함만 못하다는 말처럼 아무리 공짜라도 적당한 한도 내에서 즐겨야 할 것이다.

세계적인 도박사이자 인기리에 방영된 텔레비전 드라마 '올인'의 주인공 차민수 씨마저도 "블랙잭에 빠지는 것은 돈은 딸지언정 자신을 잃는 일이다."라 했다. 바둑으로 치면 소탐대실(小貪大失)을 의미함이 아니겠는가?

노력 없이 얻어지는 뜻밖의 재물을 두고 이른 바 횡재(橫財)라 한다. 뜻하지 않은 재난 또한 횡재(橫災)이니 동음이의어(同音異義語)의 횡재가 지니고 있는 뉘앙스를 깊이 새겨보아야 할 것이다.

비록 남들 보기에는 작은 재물일지라도 자신의 땀과 노력으로 얻은 것이야말로 복권 1등 당첨금보다 훨씬 값진 재물임을 깨달은 자만이 진정한 부자요 행복한 사람이 아닐까?

선생님 어디 계십니까?

초등학교 시절의 나는 꽤나 개구쟁이였다. 그보다는 한때 문제아였다고 말하는 게 더 정확한 표현일 것 같다. 적어도 초등학교 고학년이 되기 전까지는 그랬다. 나를 담임했던 선생님들마다 천방지축 산만한 나의 행동 때문에 무척 속을 태웠다. 1학년 때의 담임선생님은 젊은 여선생님이었는데 오죽했으면 눈물까지 보이셨을까? 운동장에서 애국 조회를 하는 중에 교모를 거꾸로 쓰고(그 당시에는 초등학생도 모자를 쓰고 다녔다) 돌아서서 뒤 친구와 장난을 치는 게 교장선생님의 눈에까지 들어왔고 훈시를 하시다 말고 마이크에 대고 나를 지적했으니 선생님의 입장이 어떠했었는지 가히 짐작이 가고 남는다. 추억은 아름답다는 말처럼 지금에 와서 회상하면 철부지였던 그때의 내가 귀엽게만 느껴지지만 당시 선생님들에겐 골칫거리 존재였음에는 틀림이 없다. 문제아동의 행동은 4학년이 될 때까지 계속됐다.

곱게 따 내린 앞줄의 여학생 머리에 성냥개비 쑤셔 넣기, 발표를 마치고 좌석에 앉으려는 짝의 의자를 뒤로 빼내어 그대로 바닥에 엉덩방아 찧게 하던 일, 그림에 솜씨가 있는 편이어서 자연과나 실과, 미술 시간이면 급우들로부터 곧잘 그림을 그려달라는 부탁을 받았는데 동물이나 사람 그림 같은 경우엔 맨 나중에 그것(?)까지도 그려서 애를 먹이던 장난도 서슴지 않았다. 나의 장난기에 견디다 못한 친구들은 종종 지원군을 요청했고 형이나 오빠 혹은 엄마에게 꿀밤을 맞는 날도 많았다. 그래도 좀처럼 수그러질 줄 몰랐다. 나의 그런 장난기는 선생님도 예외는 아니었다. 분필을 잔뜩 먹은 칠판지우개를 선생님 출입하는 문틈 위에 끼워 놓고 문 열다가 놀라 당황해 하는 선생님을 보며 킥킥대던 일.

"선생님, 한 가지 궁금한 게 있는데요?"

"그래? 뭐든지 물어보렴."

"공짜 좋아하면 대머리 된다는데 맞습니까?"

"……."

붉으락푸르락 어쩔 줄 몰라 하시던 그 대머리 선생님의 모습이 지금도 생생하다. 매사 이러고 보니 칠판 한쪽 켠의 <떠든 사람> 명단에 나의 이름 석 자는 늘 단골로 자리 잡았다.

4학년 여름방학을 며칠 앞 둔 어느 날로 기억된다. 선생님은 방학 마무리 업무 때문에 교실을 비울 때가 잦았다. 이때를 놓칠세라 책상을 징검다리 삼아 뛰어다니며 친구들과 장난을 치다가 그만 선생님께 들키고 말았다. 선생님은 상기된 얼굴로 우리들을 불러내어 어디론가 데리고 갔다. 손에는 부서져서 몸뚱이만 남은 비닐우산의 막대가 들려져 있었다.

'아이고 이제 난 죽었구나.'

도살장에 끌려가는 송아지 꼴이 되어 도착한 곳은 체육 창고로 쓰이는 외진 곳이었다. 선생님은 자신의 바지를 허연 종아리가 다 드러나도록 걷어 올리셨다.

"너희들이 이렇게 행동이 바르지 못한 게 다 내가 잘못 가르친 탓이다. 내가 매를 맞아야 마땅하지."

울먹이며 용서를 비는 우리들의 애원엔 아랑곳하지 않고 수차례 종아리를 내리치셨다. 금세 벌겋게 부어올랐다. 그날 난 한참을 서럽게 울었다. 개구쟁이의 끼를 주체하지 못한 탓에 눈물이 찔끔 나도록 심한 체벌도 많이 받았었지만 그런 눈물과는 달랐다. 순간의 육체적 고통으로 인하여 생리적으로 흘리는 눈물과, 가슴속 깊은 곳에서부터 북받쳐 오르는 눈물과는 근본적으로 다르다.

그 일이 있은 이후 나의 행동은 주변 사람들이 이상하게 느낄 만큼 달라졌다. 어린 나이에 꽤나 충격적이었던 것 같다. 그럴 만도 한 게 당시만 해도 '스승의 그림자는 밟지도 않는다.'는 말이 극히 당연하게 받아들여졌던 때였기 때문이다. 얼마 전 신문에서 체벌에 분개한 중3 학생이 선생님을 주먹으로 쓰러뜨렸다는 기사를 읽은 적이 있다. 교사의 처신이 못마땅하다고 제자들이 있는 교실에서 담임의 뺨을 때리는 무례한 학부모에 대한 보도를 보았다. 너무 많이 변해버렸다. 이러한 현실에서 선생님 자신의 몸에 채찍질하시는 모습을 보며 울부짖을 수 있는 제자들이 과연 얼마나 될지 의문스럽다. 아무튼 나는 그 선생님 덕택에 자칫 문제아로 계속 성장했을지도 모르는 상황에서 한순간에 소위 모범생으로 변신할 수 있었다. 오랜 세월을 함께 살아온 아내마저도 나에게 그런 시절이 있었다는 걸 전혀 실감하지 못하는 눈치이다.

지금은 이미 교직에서 은퇴하신 지도 오래되셨을 텐데 아직 살아계실까? 어디에서 어떻게 지내시는지? 그동안 단 한 번도 찾아뵙지 못한 내 자신이 부끄럽다. 설령 찾아뵈온들 기억이나 해 주실는지도 모르지만 왠지 살아 계셔서 그 어디에선가 이 글을 읽으실 것만 같은 착각이 자꾸만 드는 건 그만큼 선생님에 대한 그리움이 사무치기 때문일까? 얼마 있지 않으면 스승의 날이다. 이번 스승의 날엔 개구쟁이적 어린 시절의 모교를 방문하여 나와 선생님의 흔적을 찾아보고 싶다. 그리고 아직 그대로 있을지도 모를 체육 창고 앞에서 나의 종아리를 걷어 보련다. 선생님의 심정이 되어 보고 싶다.

배려(配慮)

애완견을 키우고 있다. 치와와 중에서도 가장 작은 종이다. 어미젖을 갓 뗀 후부터 키웠으니 한 식구가 된지 올해 10년째이다. 소형 개의 수명이 약 13년이라고 하니 사람 연령으로 치자면 60대 정도인데 아직 겉보기에는 건강하다. 하긴 요 근래에는 기운이 좀 딸리는 것 같기도 하다. 소파에서 휴식을 취하고 있으면 곧잘 무릎 위로 앉곤 하는데 점프에 실패하고 뒤로 나뒹굴기를 몇 번인가 하더니 요즘은 아예 포기하는 듯하다. 용변을 철저히 가리고 외출에서 돌아오면 맨 먼저 맞이하며 깡총깡총 뛰는 모습이 너무 귀여운 녀석이다. 아침에 일어나 방문을 열면 쏜살같이 뛰어 들어와 꼬랑지가 닳을 만큼 흔들어대며 귀염을 부린다. 생활공간이 집 안으로 한정되어 있어서 새로울 것도 없으련만 맨날 여기저기 코를 킁킁대며 분주히 돌아다니는 모습이 앙증맞다. 품에 안고 TV를 보고 있노라면 아기처럼 어느새 새록새록 잠이 들어있는 모습은 더욱 귀엽다. 그래서 붙여준 애칭이 '아기'인데 이젠

본 이름이 되어버렸다.

"아기!" 부르면 자다가도 벌떡 일어나 뛰쳐나온다. 이렇듯 한결 같이 식구들의 사랑을 독차지하며 살아 온 아기에게 요즘 심각한 고민거리가 생겼다. 뜻밖의 불청객 고양이가 나타난 이후부터이다. 동물을 무척 좋아하는 딸이 오피스텔에서 키웠는데 직업상 잦은 외국 출입 때문에 번거로움을 느끼고 반대에도 무릅쓰고 슬그머니 집에 데려다 놓은 것이다. 위생적인 면에서도 그렇고 강아지 키우는 것만으로도 족해서 입양을 원하는 적임자가 나타날 때까지만 잠시 키우는 조건으로 허락을 했다. 그런데 문제가 생겼다. 막상 고양이를 처음 보는 순간 모두들 마음이 바뀌고 만 것이다. 눈이 부시도록 하얀 털을 온 몸에 휘감고 앞다리를 가지런히 모은 채 긴 꼬리를 찰랑대며 요염하게 안겨있는 모습은 식구들을 매혹시키기에 충분했다. 한순간에 반해버린 것이다. 페르시안 친칠라종인데 희소가치가 있어서 값이 더 나간다는 오드아이(양쪽 눈의 색상이 각각 다름)이다. 처음 한동안은 둘이서 별 탈 없이 잘 지내는 듯했다. 그러나 하루가 다르게 몸집이 커져가는 고양이에게 '아기'는 위압감을 느끼는 듯했고 새로운 환경에 적응이 된 고양이의 기세는 날로 세져만 갔다. 아기는 싫다고 난리인데도 아랑곳 않고 뒤에서 별안간 덮치고, 앞발로 펀치를 날리기도 하면서 기회만 있으면 짓궂게 장난을 치는 통에 아기가 받는 스트레스가 이만저만이 아니다. 게다가 일편단심이던 주인의 사랑이 깡패 같은 고양이에게 빼앗길까봐 노심초사해 하는 표정이 역력하다. 그래서인지 요즘 부쩍 생기가 없어 보인다. 보다 못한 식구들이 얼려도 보고 호통도 쳐 보지만 짓궂은 고양이의 장난기는 수그러들지 않는다. 문제는 아기에게도 있다.

고양이의 행동을 애정 표현이 좀 특이하다고 여겨주면 좋으련만 가까이 접근하는 것마저도 질색을 한다. 문득 돌아가신 아버지가 떠올랐다. 완고하고 융통성 없는 성품으로 자식들에게도 엄했다. 강압적이고 독선적인 아버지에게 나는 정을 느낄 수 없었다. 내 마음은 조금도 헤아려 주지 않은 아버지가 야속했고 노여울 때가 한두 번이 아니었다. 그러한 아버지의 행동을 이해할 수 있게 되기까지는 많은 세월이 필요했다. 아버지의 마음을 이해하게 될 즈음에야 비로소 아버지께 그간 가슴 속에 품고만 있었던 생각을 나지막이 말했다. “아버지 그땐 왜 그러셨어요? 사랑하는 감정을 왜 그런 방식으로 표현했나요? 아버지의 마음을 읽기에는 너무 어렸잖아요.” 병석에 누워 지내시던 아버지는 아무런 말씀도 없으셨다. 눈을 지그시 감은 채 듣기만 하시는 얼굴에는 회한이 서려 있는 듯했다. 동양인, 특히 우리나라 민족성은 서양인들에 비해 감정 표현에 인색하고 더디다. 연인이나 가족 사이에 기회만 있으면 사랑한다는 말을 수도 없이 자연스레 표현하는 서양인들과 대조적이다. 물론 그때의 사회가 보수적이기도 했지만 그 시절 대부분의 아버지상은 ‘침묵이 금보다 낫다.’는 식이었다. 오랫동안 우리 민족의 인격 형성에 지배적이었던 유교사상의 영향도 간과할 수 없고 당시는 다자녀를 둔 가정이 대부분이었기 때문에 부모가 하나하나 챙겨줄 수 없어 엄하게 가정교육을 시키다 보니 그랬을 수도 있다. 그러나 이제는 뭔가 달라져야 하지 않을까? 상대가 내 마음을 알아주기를 바라기에 앞서 내가 상대를 먼저 이해해주고 상대에 맞는 눈높이로 접근하는 배려가 필요하다고 본다. 자신의 말과 행동이 상대에게 다른 의미로 전달되었을 때 오해가 생기고 본의 아니게 상처를 주게 된다. 자신의 행동은 고려하지 않고 그저 자기의 맘을 몰라주는 상대를 야속해 한다면 자기가 좋아하는 뼈다귀를 먹지 않고 아파서 누워 있는 주인 머리맡에 자꾸 쌓아 놓은 충견(忠犬)의 꼴이 되고 만다. 자기가 느끼는 감정이 상대방도 같을 거라는 사고방식은 배려가 아닌 독선이다. 요즘처럼 개인주의가 팽배하고 양보에 인색한 시대에 살아가는 우리에게 있어서 상대의 입장을 좀 더 헤아릴 줄 아는 아량이 절실하다고 본다. 혹시라도 상대에게 누(累)가 될까 마음속으로 헤아리고 상대의 성별과 연령, 주변 환경 등을 고려하면서 말이나 행동을 한다면 보다 훈훈한 가정과, 직장, 사회가 되지 않을까? 자신의 이익을 위해서라면 상대의 손해 따위는 아랑곳하지 않고 오직 자기 본위로 살아간다면 사회는 황폐해질 수밖에 없다. 반면 자신에게 조금은 손해가 될지라도 그것이 상대를, 여러 사람을 기쁘게 해주는 일이라면 기꺼이 손해도 감수할 줄 안다면 우리 사회는 지금보다 훨씬 더 살만한 사회가 되지 않을까? 멀리 내다볼 때 자신에게도 더 나은 삶이 될 것이다. 손해를 보지 않으려고 아웅다웅하고 때로는 배신하고 상대방을 곤경에 빠뜨리지 않고 서로가 서로에게 '배려'를 아끼지 않는다면 참으로 맛깔 나는 사회가 되지 않겠는가?

그나저나 우리 집 강아지와 고양이의 불편한 관계를 어떻게 하면 해소할 수 있을지 좀체로 묘안이 떠오르지 않는데 참으로 고민이다.

■ 김평화 편

하와이 해변의 결혼식

초롱 별빛과 달빛이 사이좋게 은은히 내려와 나의 언 가슴을 녹여주는 포근한 밤이다. 아침나절 비가 내리더니 오후에는 하늘이 언약을 예시하듯, 산과 산을 색동다리가 부채 모양으로 이어주고 있다. 해변을 따라 너울거리는 파도는 축하의 박수를 쉴 틈 없이 보내주고 있다. 이런 날이 오리라고 감히 생각지도 못한 황홀한 5월, 아름다운 바다, 거북이 만(Turtle Bay)의 하와이 밤이다.

꽃향기 가득한 축연의 밤이 은빛 반짝이는 모래 위로 나와 딸을 안내하고 있다.

"엄마!, 엄마 없이는 이날이 있을 수 없어요. 엄마한테 고맙다는 표현의 단어를 찾을 수가 없네. 고마워 엄마!, 그리고 많이 사랑해"

"그래, 나의 사랑아! 엄마가 바라는 것은 오직 네가 건강한 것뿐이야. 그리고 네가 엄마 가슴 속에 영원히 사는 귀한 딸이라는 것을 알아야 해. 그러니 절대로 실망해서는 안 된다!" 결혼식장으로 향하는 우리의 가슴 따뜻한 대화다.

높은 파도 앞에 당당히 서 있는 신랑이 너무나 든든하고 근사해 보인다. 하와이안 웨딩밴드에 맞추어 귀여운 루비와 샌디가 딸 친구의 손에 이끌리어 어리둥절한 모습으로 모래를 밟으며 앞장서서 입장하고 있다. 오래전부터 딸이 강아지를 갖고 싶어 하여 항암치료를 받는데 조금이나마 위로가 될까 해서 루비와 샌디를 생일 선물로 사준 것이다. 그들의 뒤를 이어 아빠 손을 잡고 들어가는 한 송이 꽃은 믿음직한 신랑에게 손을 내주고 있다. 하늘로부터 축복을 받는 순간이다. 눈물 어린 지난날의 모습들이 지워지는 숭고한 아름다움의 연출이다.

영실이가 워싱턴 디시에서 하와이 병원으로 전근된 지 두 달쯤 되었을까 하루는 딸이 같은 병원에서 일하는 동료 의사라며 남자 친구를 데리고 와서 소개해 주었다. 처음 보는 얼굴인데도 낯설지 않았고, 키가 크고 잘 생긴 얼굴과 차분하면서 부드러운 목소리에 딸이 반했나 보다. 나는 딸의 이성친구나 결혼 상대자는 아팠던 딸을 이해하며 사랑하는 착한 사람이면 좋겠다는 생각으로 늘 기도하고 있었다. 기도의 응답이었을까 하늘에서 왕자를 보내 주셨다. 그 친구를 만난 후 딸의 볼우물은 항상 오목하게 피어났다. 밝게 웃는 모습을 볼 때마다 뛸 듯이 기뻤다.

몇 달이 지난 후 청년은 딸에게 청혼을 했다. 기쁜 소식을 전해 듣고 내가 시집갈 때보다 가슴이 더 두근거렸다. 딸이 그동안 항암 치료 받느라고 정신적, 육체적으로 많은 고생을 하고 심적으로도 힘들었기 때문이다.

"영실아 결혼하기 전에 아파서 치료를 받았다고 말해야 하지 않겠

니?" 딸에게 물었더니, 딸은 벌써 그에게

"내 몸은 암세포 투성이다. 앞으로 산다고 해도 정말 앞날을 알 수 없는데 그래도 결혼을 하겠느냐?"

"그래도 나는 결혼한다. 당신의 모든 것, 암세포까지도 사랑하기 때문에, 그러니 아무 걱정 말아요" 라고 위로해 줬다고 한다.

그 말을 듣는 순간 눈물이 왈칵 솟았다. 어떻게 저런 천사를 보내주셨을까? 아무것도 할 수 없는 내가 가슴 밑바닥에서 애 마르게 드린 간절한 기도의 응답이라 믿었다. 2010년 12월. 아무 이상 없이 깨끗이 다 나왔다는 정기검진 결과를 들은 그는 자기 평생에 가장 좋은 선물을 받았다며 기뻐하며 딸의 얼굴을 비벼댔다. 천사 같은 그의 마음을 껴안으며 나는 감사했다.

그들은 하와이 해변에서 결혼식을 하고 싶어 했다. 하늘과 바다와 모래 위를 무대 삼아 해변에서 결혼식을 하기로 했다. 나의 도움 없이 둘이서 모든 결혼준비를 다 하였다. 뉴욕, 시카고, 캘리포니아, 조지아 주로부터 친구들이 먼 길을 날아 왔다. 친구 중에 딸과 함께 의과 대학 졸업할 때까지 같이 지내던 가장 가까운 친구 하나가 있다. 그미는 영실이가 아파서 치료받고 있을 때에도 바쁜 병원 일을 제쳐놓고 세 번이나 시카고에서 워싱턴까지 찾아와 격려해주고, 격주로 꽃다발도 보내줘 많은 위로와 사랑을 안겨준 또 하나의 천사였다. 결혼식에 와서도 시작에서 끝까지 딸 옆을 졸졸 따라다니며 계속 돌봐준 또 하나의 딸 예쁜 그미다. 그녀의 사랑은 잊을 수 없는 내 마음의 꽃이다.

리셉션을 위해 잔디밭에 세워진 성같이 웅장한 하얀 텐트, 코너마다 우아하게 늘어진 하얀 커튼, 텐트 안에는 의자와 테이블이 진분홍 함박꽃으로 풍성하게 장식되었다. 이렇게 탐스럽고 고운 색깔을 가진 큰 꽃송이는 처음 보아, 입을 한참 다물지 못했다. 어느 궁궐 정원으로 들어서는 기분이었다. 화려한 꽃 속에 신랑 신부는 더없이 아름다웠다. 한쪽 뷔페 테이블엔 여러 나라 음식이 준비되어 시장기가 돌게 했다. 하와이의 음식으로 꼬마 돼지도 테이블 위에 올려져 있고, 맛있는 이탈리아 파스타와 즉석에서 만들어 주는 일본식 초밥이 인기를 끌었다.

바람 타고 흐르는 꽃향기에 축하객은 취하고, 어둠이 내리는 텐트 안은 촛불로 점점 밝아졌다. 하와이안 밴드의 아름다운 멜로디는 파도 소리와 화음 되어 하늘로 울려 퍼져나갔다. 음악에 맞춰 나비가 되어 춤추는 젊은이들의 율동은 마냥 기쁘고 즐거운 축제의 밤을 장식하고 있다. 끝없이 밀려오는 파도처럼 두 사람의 사랑도 변함없이 영원하기를 소원하는 모두의 바람이 춤사위로 펼쳐진다. 내 평생에 가장 귀하고 고마운 순간이다.

뉜들 자식 사랑에 대한 애틋함이 없으리오만, 병마를 이기고 당당하게 세상의 꽃과 나비로 한 커플이 된 영실이와 샨의 항에 오늘만은 나도 호사스럽게 취하고 싶다.

아기 공주

해뜨기 전 새벽 4시부터 딸과 사위와 나는 바삐 서둘렀다. 넓은 하늘과 끝없이 펼쳐진 아리조나 사막을 5시간 동안 기쁨과 긴장이 뒤섞인 마음으로 우리는 질주했다. 좋은 결과가 있기를 기대하며 걱정하는 딸에게 다 괜찮을 거라고 달랬다. 그러나 내 마음속에서 일어나는 불안의 토네이도는 걷잡을 수가 없었다. 그동안 어려운 고비를 잘 넘어 왔는데 아직도 우리가 넘을 산이 있단 말인가, 두근거리는 가슴을 가다듬고 콧노래로 달래 보았다.

딸이 받았던 키모와 방사선 치료로 인해 자연 임신이 되지 않아 시험관 아기를 시도했었다. 많은 준비 과정을 통해 착상이 잘 되었다는 기쁜 소식을 듣고 산부인과 의사한테 주기적으로 검진을 받았다. 의사는 딸이 항암치료를 받아 아기가 혹시 기형아가 나오지 않을까 염려를 했다. 아리조나 투산(Tucson)에 특수 기계가 있으니 가서 자세한 검진을 받아 보라고 권유를 했다. 착상이 잘 되었다고 좋아했던 순간도 잠시이고 어두운 걱정이 새로 생겼다. 사위와 딸도 의사지만 그 방면에 대해서는 전문이 아니라 여러 가지 연구한 자료들을 찾아보면서 만일 아기가 정상이 아니라도 키우겠다고 다짐하곤 했었다. 그들이 생명을 귀하게 여기고 사랑하는 마음에 감동은 했지만 그 길이 얼마나 힘든 길인지 나는 아무 말도 못하고 안타까워했다.

드디어 병원에 도착하여 한 시간 이상 검진하는 것에 대해 설명을 듣고 우선 기계로 아기 모형을 보면서 정상인지 아닌지를 알아보는 것이었다. 우리 셋은 초긴장해서 스크린을 보기 시작했다. 아기의 형상이 매우 뚜렷하게 보였다. 아기 몸의 크기를 구석구석 재는 의사는 일일이 설명을 하면서 매우 기뻐했다. 외면적으로 아기는 아주 정상적이니 염려하지 말라는 것이었다. 우리는 박수를 치며 할렐루야를 불렀다.

의학이 발달하여 이제는 별의별 검사를 다하고 있다. 아기형체가 정상이라고 하여 마음을 놓았는데, 의사는 산모의 피가 아기한테 흐르고 있어서 산모의 피검사와 DNA 테스트를 해야 더 정확하다는 것이다. 두 가지 검사는 이 병원에서 할 수 있고 DNA 유전자 검사는 캘리포니아로 보내져서 검사를 한다는 것이다. 우리는 우선 마음을 놓고 집이 있는 텍사스로 돌아왔다. 넓은 사막을 물들인 황혼이 우리의 가는 길을 밝혀 주고 있었다. 반대편에서는 둥근달이 떠올라 어두워지는 밤길을 밝혀주었다. 내 힘으로 알 수 없을 때 자연이 주는 무언의 싸인은 마음을 달래주는 편안함으로 다가왔다.

이틀을 기다린 후에 두 가지 검사에 대한 결과를 전화로 알려 왔다. 딸의 밝은 전화 목소리를 듣고 나는 마음을 놓았다. 아주 정상이라고 한다. 마지막 세 번째 피검사는 Materni T21 유전자 검사라는 것인데, 크로모존의 형태에 따라 미리 아기가 정상인지 아닌지를 알 수 있다는 것이다. 보통 나이든 사람이나 시험관 아기일 경우에 검사하는 것이라고 한다. 결과를 초조하게 기다리는 딸의 모습이 안타까웠다. 일주일이 한 달 같이 느껴졌다. 간절히 기도하며 마지막 유전자 검사 결과를 기다리고 있었다. 일주일 만에 유전자 검사 결과가 왔다. DNA 검사는 아주 정상이고 아기에게 아무 이상이 없다고 했다. 소식을 들은 우리 셋은 얼싸안고 기뻐했다. 그동안 염려했던 아픔들이 눈 녹듯이 다 사라졌다. 긴장과 고통속의 나날을 보내면서 딸은 엄마의 길을 하나 둘 배우고 있었다.

딸이 원하던 아기는 엄마 뱃속에서 잘 자라 태어날 때도 고통 없이 세상에 예쁜 천사로 얼굴을 내밀었다. 오늘이 세상을 맞이한 공주가 꼭 6개월 되는 날이다. 엄마 젖만 먹던 아기에게 축하한다고 바나나 베비 음식을 작은 수저로 조금씩 먹였다. 이상한지 인상을 찌푸리며 오물오물 움직이는 입이 귀엽기만 하다. 이젠 제법 옹알이로 자기표현을 하기도 한다. 천사같이 예쁜 아기를 볼 적마다 염려하며 아리조나 사막을 달리던 때가 생각났다. 앞으로 더 이상 아기를 못 낳을 수 있다는 연민으로 아기에게 정성과 사랑을 기울여 보물단지처럼 소중하게 다루는 딸의 모습이 가련해 보인다. 오월에 태어난 공주는 5월 목단처럼 세상을 밝히는 아름다운 등불로 건강히 잘 자라주길 바라는 기도로 하루가 짧기만 하다. 딸은 엄마로써 아기를 책임지고 잘 키울 수 있는 건강한 엄마가 되기를 소원한다. 어떤 형상으로 태어나 어떤 모습으로 살든 생명은 아름답고 귀한 존재이다.

해맑은 아기의 눈동자를 바라보며 에벌린의 미래를 상상해 본다. 꿈으로 가득한 세상을 마음껏 펼쳐나갈 에벌린의 세계를 위해 나는 오늘도 박수로 아이를 어르고 있다.

산속의 친구들

공해로 뽀얗던 대구의 하늘이 안개 걷히듯 맑아졌다. 한국의 아름다운 단풍이 몹시도 보고 싶었다. 집 앞에 있어 앞산이라고 부르는 대덕산을 친구하고 올라갔다. 가을의 끝자락을 보여주듯 바람결에 우수수 떨어지는 오색 잎들이 마음을 설레게 한다. 조금 더 올라가니 은행나무들이 양쪽으로 늘어서 있고, 떨어진 잎들이 길을 덮고 있어 노란 융단 길을 걷는 기분이었다. 학창시절에 걸었던 덕수궁 돌담길에 늘어선 은행나무들이 생각났다. 열대기후인 하와이에서는 볼 수 없는 은행나무가 옷을 벗는 광경이다. 나를 기다렸다는 듯이 불꽃처럼 바람에 나부끼며 손짓하는 단풍잎이 내 가슴에 불을 지피고 있다. 잎이 떨어지고 눈이 내리면 하얀 눈꽃으로 뒤덮일 풍경을 생각하니 사계절이 뚜렷한 한국이 더욱 아름답게 느껴진다. 학창시절 단풍잎을 책갈피에 넣었다가 방학이 되면 편지지 위에 붙여 선생님과 친구들에게 보냈던 생각이 났다. 옛 추억을 생각하며 곱게 물든 잎들을 주워 책갈피에 넣었다.

그리운 사람들의 얼굴이 단풍잎 위로 노랗게 피어올랐다.

연로하신 분들도 오를 수 있게 길을 잘 다듬어 놓은 한국의 등산로를 보고 어른을 존경하는 동양의 미가 살아있음을 가슴 뿌듯하게 느꼈다. 하와이의 등산로는 주차장 외에는 인공으로 다듬어진 곳이 없다. 골짜기도 지나고, 험한 능선을 타고 오르도록 자연 그대로 보존한 것이 한국과 조금 다르다. 하와이에도 등산할 수 있는 산들이 54개나 된다고 한다. 하와이 산은 아직 젊은 산이라 고국의 산보다 더 험한 것 같다. 산마다 특색이 있어 여러 가지 형태의 모양과 길이 다 다르다. 산과 함께 살아온 한민족의 정서 때문일까? 하와이에서도 한국 사람들이 제일 많이 산에 오른다.

아스팔트 위를 차로 달리며 다람쥐 쳇바퀴 돌듯 살았던 나는 사람들이 왜 힘들게 산을 오를까 궁금했다. 멀리서 바라본 산은 부드러운 굴곡이 겹쳐지는 아름다운 한 폭의 그림으로만 보였다. 내가 무릎이 아팠을 때 하와이 문인협회 K선생이 등산을 권유했다. 몸이 허약하셨던 팔순의 선생님은 산에 오르고 나서 건강도 회복하고, 몸도 튼튼해졌다며 젊은 사람들처럼 산을 잘 오르신다. 내가 처음 산에 오르던 날이었다. 다리는 꼬이도록 아팠고, 가슴 통증으로 숨 쉬기가 힘들었다. 힘들어하며 뒤처져 따라가는 내 모습을 보고 K선생은 고비만 넘기면 되니 포기하지 말라며 옆에서 격려해 주셨다. 줄 땀을 흘리며 맨 꼴찌로 정상까지 올랐다. 좁은 능선을 따라 오를 때 힘은 들었지만 아래서 바라보던 것과는 전혀 다른 세계가 눈 아래 펼쳐졌다.

산을 오르면서 많은 자연 친구들을 만났다. 반갑게 지저귀는 새들의 노래 소리가 휘파람 협주곡으로 들려오면 나도 휘파람으로 화답해 주며 걸었다. 척박한 바위틈에서 얼굴을 내민 꽃들에게도 반갑다며 살짝 만져주면 짜릿한 전율이 온 몸으로 느껴졌다. 누가 심었을까? 씨가 어디서 날아와 뿌리를 내린 것일까? 내가 살아온 삶과 같은 동질감을 느껴 쉬 자리를 뜨지 못하기도 했다. 하늘을 향해 쭉쭉 뻗은 대나무숲도 산행 중 조우한 잊지 못할 나의 친구다. 꿋꿋한 기풍과 선비의 지조로 비유되던 대나무는 내가 좋아하는 나무 중에 하나다. 나는 사군자 중에서도 대나무 그리기를 좋아한다. 대나무 틈새로 내리비치는 은빛 햇살은 천국 가는 길이 저런 길이 아닐까 싶을 정도로 신비하고 아름답다. 큰 대나무를 한 아름 안고 빛 아래 서 있으면 대나무가 된 듯 몸도 마음도 해맑아지는 스릴을 느끼기도 한다. 영국 탐험가 제임스쿡이 소나무 씨를 하와이 섬에 가지고 와 심었다 하여 쿡소나무라고 부르는 우람하고 키가 큰 소나무 가족들도 만났다. 한국에서 송편 만들 때 쓰는 솔잎하고는 전혀 다른 모양이다. 키가 얼마나 큰지 목을 뒤로 젖히고 나무 끝을 봐야 할 정도다. 솔잎이 두껍고 커서 새끼줄을 꼬아 놓은 것 같았다. 자로 잰 듯 똑같은 간격으로 아래 위 그리고 사방에 눈이 달려있어 산을 지키는 문지기 같이 보였다. 산을 빼곡히 메운 이름 모를 열대나무들이 신비스럽게 숲을 이루고 사는 모습도 산에서만 볼 수 있는 기이한 풍광이다. 이렇듯 산에서 만난 친구들은 이기적이지 않고 자기의 모습을 조화롭게 드러내는 정감이 있어 내가 산을 좋아하게 된 이유이기도 하다.

오랜만에 고국에서 산을 오르니 포근한 옛정이 스멀스멀 안개처럼 피어오른 것 같아 신이 났다. 아파트 앞에 있는 산이지만, 하와이에서 느끼는 산행과 또 다른 감정으로 다가왔다. 고국의 산은 어머니의 가슴처럼 포근함을 담고 있다. 나무들이 크고 우람하지 않지만 아기자기한 모습으로 어우러져 어머니의 등에 업힌 것처럼 따뜻한 정감으로 다가왔다. 바스락 거리는 낙엽을 밟으며 걸을 때는 어린 시절의 추억이 되살아나기도 했다. 하와이에서 오른 산행과는 또 다른 묘한 모성애를 느끼며 행복에 젖었다.

산은 오를수록 정이 든다. 산속의 친구들이 매번 다른 모습으로 반겨주기 때문이다. 산에 오르지 않고는 산이 어떻다고 말할 수 없듯이, 우리가 사는 세상도 알고 보면 모르는 것 투성이다. 보고 듣지도 못한 것에 대해 말하는 것은 경솔함의 극치가 아닐지. 나는 매번 산을 오를 때마다 웅장하고 거대한 자연 앞에선 나의 연약하고 작은 모습에 할 말을 잃는다. 그 미묘한 맛을 느끼기 위해 산행을 꿈꾼다.

매주 토요일이면 산행에서 만난 산속의 친구들이 나를 유혹한다. 산행을 통해 아프던 무릎도 회복했고, 자신을 사랑하는 마음도 갖게 되어 고맙기 그지없다. 아름다운 대자연을 만든 창조주의 위대한 작품에 감동할 뿐이다. 그 감동에 안기기 위해 나는 오늘도 설레는 마음으로 다음에 오를 산을 찾고 있다. 산사람이 되어가고 있는 중이다.

■ 데이빗 리 편

아빠의 고민

가을은 청춘남녀가 짝을 만나는 결혼시즌이다. 딸이 결혼을 한다니 벌써 세월이 그렇게 됐나 하는 생각에 공허한 느낌이 든다. 고교를 졸업하고 L.A의 Loyola Marymount College에 입학이 되어 호놀룰루공항에서 함께 기도를 하고, 엉엉 울면서 떠난 기억이 어제처럼 새롭다. 그곳에 적응하면서 주말이면 들려주던 목소리가 격주가 되고, 방학 때마다 찾아와 도와주던 일도 친구와 여행을 다니기 시작하면서 발길이 점차 멀어졌다.

미혜는 아빠 말을 잘 듣고 따르던 아이였다. 아빠가 고생한다고 대학도 3년 만에 졸업을 했다. 전공을 살려 Hollywood 광고회사에 입사해 유명 연예인들을 내세워 광고를 만드는 일을 했다. 처음에는 자주 전화를 해서 "아빠 나 배우 ○○를 만나고 있어. 누군지 알아? 아주 유명한 영화배우야"라고 자랑삼아 묻곤 했다. 신이 나서 묻는 딸에게 "글쎄, 잘 모르겠는데"라고 시원찮은 대답을 해준 것이 마음에 걸리기도 했다.

한동안 뜸하다 싶더니 전화가 왔다.

“아빠, 나 이제 연애해도 돼?”

“그래, 이왕이면 좋은 사람 만나 뜨겁게 사랑해. 사랑 못해보면 후회하게 된다. 넌 착해서 좋은 사람 만날 거야.”

“사실 여러 사람 만나고 있는데….” 여운만 남기고 전화가 끊어졌다. 그 말을 듣는 순간 마음이 조급해지기 시작했다. 그날 이후 바쁘다며 전화가 없어도 직장생활을 하면서 많은 사람과의 관계를 맺고 세상에 눈을 떠가는 딸이 밉지가 않았다.

나는 아픈 상처를 안고 있다. 부모님이 원하시는 대로 미국에 사는 처녀와 선을 본지 2개월 만에 서둘러 결혼을 한 게 화근이었다. 사랑 한번 해보지 못한 25세의 청년이 부모님 뜻에 따르는 것이 효도하는 길이라 생각하고 미국으로 왔다. 사랑이 결혼의 첫째 조건임을 몰랐던 나는 성격차이라는 복병에 내내 시달리다 딸이 대학을 졸업한 후 늦게나마 이혼을 했다. 나의 아픈 상처가 있었기에 딸애가 남자친구를 만난다고 했을 때 걱정 반, 기쁨 반이었다.

한동안 소식이 없다가 딸이 신나는 목소리로 전화를 했다.

“아빠, 나 좋은 사람 찾았어. 착하고 자상하고 나를 너무 사랑해. 유머도 있고, 경제학을 전공해서 Kaiser Hospital Financil Department에서 일해. 성실하고 이해심도 많아. 우리 결혼할 거야.”

소식을 기다리던 차라 마냥 행복해하는 당찬 딸의 음성을 듣고 흐뭇했지만, 못내 걱정이 됐다. E-mail로 보내온 사진을 본 순간 눈앞이 캄캄해졌다. 흑인 청년이었다. 기대가 일순간에 무너지는 실망감으로 잠시 이성을 잃고 말았다.

"야, 그렇게 남자가 없어? 당장 그만둬. 언제 아빠가 그런 사람 만나라고 했어? 미쳤어! 깜둥이랑 결혼한다고?"

씩씩대는 나에게 딸은 울먹이며 말했다.

"아빠, 예수님이 깜둥이 미워했어? 우리 모두가 하나님의 자녀라고, 하나님이 우리 모두를 사랑한다고 아빠가 그랬잖아."

미국에서 태어나 인종평등 교육을 받으며 자란 딸에게 인종차별이 심한 한국식 나의 사고방식을 관철시키기엔 역부족이었다. 딸의 말은 백번 옳았다.

고민 끝에 L.A로 그들을 만나러 갔다. 키가 크고 마른체격의 Jamal은 또렷한 눈매가 매력적인 청년이었다. 선한 눈빛에 공손한 말투가 좋은 가정에서 많은 사랑을 받고 자란 청년 같았다. 나는 1992년 L.A 4·29 폭동을 경험하고 하와이로 이사를 왔기에 흑인에 대한 감정이 좋을 리 없었다. Jamal은 그동안 내가 겪어왔던 흑인들과는 전혀 다른 모습이었다. 마음이 편치는 않았지만 피부색이 검다는 것 빼고는 굳이 반대할 이유를 찾지 못했다. 내 뇌리에 새겨진 흑인에 대한 편견이 바뀌도록 인식의 변화를 안겨준 만남이었다. 미국사회에서 우리 황인종도 차별의 대상임은 부인할 수 없는 현실이다. 그런 내가 또 다른 유색인종을 배타시하는 것이 쑥스럽게 여겨졌다.

만난 지 5년이 지나는 동안 저희들 계획대로 L.A에서 하와이로 이사를 왔다. 지난 10월 말 Sony Open 프로골프대회가 열리는 Waialae Country Club House에서 친구들의 축하를 받으며 결혼식을 올렸다. 이들의 만남이 하나님의 축복임을 알면서도 '고이 키운 내

딸을 왜 하필이면 깜씨한테 줘'라고 혼자서 되뇌며 지냈던 아픈 시간들은 딸이 흘리는 행복의 눈물을 본 순간 사라졌고, 모두가 기쁨이고 축복으로 바뀌었다. '자식 이기는 부모 없다'는 말이 실감이 났다. 돌이켜 보니 딸을 사랑하는 집착에서 나타난 결과였지만 Jamal도 섭섭했겠고, 홧김에 던진 말에 마음이 상했을 미혜를 생각하니 미안한 마음뿐이다.

부모의 반대에도 불구하고 자신이 사랑하는 사람과 당당하게 결혼을 한 내 딸이 장하다. 또 한편으론 내 곁에서 멀어져가는 느낌이 들어 마음이 허전하다. 그들은 사랑을 기본으로 인생을 설계하고 출발했기에 나보다 행복한 삶을 살리라 믿는다. 하지만 내 곁에서 멀어져가는 느낌이 들어 마음이 허전하다. '한 사람이면 천을 쫓고 두 사람은 만을 도망케 한다'는 성경말씀처럼 사랑으로 하나 된 그들은 모든 어려움을 극복하고 꼭 승리하리라 믿는다. 두 사람이 행복하게 살도록 나는 오늘도 그들을 위한 기도로 새벽을 연다.

LA 4·29 폭동현장을 보다

그날은 한인의 미국이민 역사에서 가장 처절한 비극의 날이었다. 1992년 4월 29일 수요일. 남부 LA에서 흑인폭동이 시작됐다. 백인들의 심한 인종 차별에 대한 반발이었는데 결과는 흑인들과 합세한 멕시칸들이 한인들 소유의 상점들을 방화, 약탈, 살해로 이어졌다. 폭도들이 Beverly Hills, Hollywood로까지 근접을 하자 7천 명의 캘리포니아 연합 방위군이 장갑차를 동원해서 폭동을 진압했다.

내가 처음 엘에이 공항에 도착했을 때 마켓을 하는 큰삼촌이 마중을 나왔다. 그래서 나도 가스 스테션, 햄버거 샵 등 작은 가게에서 열심히 일해 첫 번째 마켓을 샀다. 위험하기로 유명한 East LA 멕시칸촌에 있는 가게였다. 폭동이 났을 때는 남부 LA, Adams Plaza에 있던 3번째 마켓이었다.

새벽시장에서 뉴스를 보았다. 그날이 로드리킹 사건 재판 날이라고 했다. 마약을 한 흑인 로드리킹이 210 FWY에서 정지신호를 무시하고 100마일로 도주하다 추격전 끝에 체포당한 사건이다. 4명의 LA 백인경찰이 곤봉으로 때리고 구둣발로 짓밟는 모습을 시민이 비디오에 담아 언론에 보도한 것이 사건의 시작이었다. 여론의 힘으로 구속된 폭력경찰의 귀추가 주목되는 날이었다.

1985년 레이건 대통령이 강하게 마약을 단속하면서부터 검은 자금이 움츠린 탓인지, 걸프전쟁 여파로 인한 불경기 탓인지, 폭동이 생길 즈음에는 한인상점을 중심으로 강도와 좀도둑이 유난히 극성을 부렸다. 나도 1992년 전후로 3인조 흑인 복면강도와 2인조 멕시칸 권총강도에게 두 번이나 가게가 털렸다. 상점 주인에게 들키면 그때 돈 내면 되고, 안 들키면 무사통과니 문전에서 다투기가 예사였다. LA 폭동 전에 있었던 두순자여인 사건도 흑인 여학생이 오렌지 주스를 훔쳐 가방에 넣자 강도로 오인해 밀고 당기다가 잘못 방아쇠를 당겨 소녀를 죽게 한 일이다. 그 사건이 정당방위로 판결을 받자 흑인들의 분노와 증오심이 폭발직전에 이르렀다. 그때 내 가게는 남부 LA의 흑인과 멕시칸 혼합지역에 있었다. 가게 앞 웨스트 아담스길 건너편에는 흑인교회 Jesus Christ Faith Center가 있어서 교회모임이 있을 때나 일요일에는 정장차림의 흑인들이 나의 고객이었다. 같은 크리스천으로 친하게 지냈다. 교회 모임이 있을 때는 음료수를 보내며 서로 가깝게 지냈다.

기소된 백인경찰관 중 3명은 무죄이고 한 명은 경범죄로 판결되자 흑인들의 분노가 터졌다. 흑인 왓슨지역을 지나던 백인 트럭 운전사에게 폭행을 가했다는 소식이 전해졌다. 흑인들이 폭도로 변해 약탈과 방화가 시작됐으니 빨리 가게를 닫고 피하라고 우리 교회 사람들과 흑인 지역에서 마켓을 하는 지인들로부터 전화가 걸려왔다. 극심한 불안이 엄습했다. 서둘러 가게 문을 닫는데 사냥을 좋아하는 처형이 엽총과 실탄을 주고 갔다. 외삼촌은 6·25동란 때 쓰던 따발총(연발총)을 구해다 주었다. 우선 일하는 사람들을 모두 집으로 돌려보내고 간절하게 기도를 했다. 무엇보다 생명이 제일 중요하니 모든 것을 하늘에 맡기고 집으로 가라는 확신이 마음에 들었다. 가게를 나설 때 길 건너편 흑인교회 윌리엄 집사와 청년 두 명이 찾아와 전화번호를 주며

"우리가 가게를 지켜줄 테니 전화할 때까지 오지 말라"고 안심을 시켜줬다. 선한 인상에 마음이 따뜻한 윌리엄 집사는 하나님이 지켜주신다고 위로를 했다. 참 고맙다는 인사를 건네고 서둘러서 집으로 돌아왔다.

집으로 돌아와 라디오코리아 방송에 싸이클을 맞췄다. 무법천지 폭동현장의 보도를 들으며 경악했다. 가게 속에서 대피하지 못한 교민들이 총과 횃불을 든 폭도들에 둘러싸여 살려달라고 애원하는 소리가 지옥의 비명처럼 들려왔다. 한국어 방송은 밤새도록 다급한 목소리로 구원요청을 전달하고 있었다. 의로운 젊은이들은 무장을 하고 결사대를 만들어 한인들의 생명과 사업체를 지켜주었다. 혼미한 상황에서 서로를 폭도로 오인한 총격전으로 사망하는 안타까운 일도 생겼다.

폭도들은 부자 백인 중심의 베버리힐즈 지역과 빈곤층 흑인 지역의 연관다리에 위치한 한인상가타운을 목표로 삼아 밤새도록 방화와 약탈을 했다. TV뉴스에 Adams Plaza의 상점들도 방영됐다. 모두 불타고 있었으나 내 마켓만은 안전하게 서 있었다. 윌리엄 집사는 흑인들과 멕시칸들이 한인들만 골라서 공격을 하니 절대로 가게 근처에 오지

말라고 당부 전화를 했다. 폭도들의 숫자가 늘어가며 대형 상점들까지 방화와 약탈이 이어졌다. 모습은 천사를 잃은 도시(Lost Angeles)로 변해갔다. Korea town은 하룻밤 사이에 화산재에 묻힌 폼페이 시가지가 되었다. 2,800여 개에 이르는 한인상점이 90%가 넘게 약탈 전소되었다고 한다. 사태가 진정된 후 윌리엄 집사가 보여준 신문기사에는 흑인 두 명이 장총을 들고 내 가게 지붕 위에서 폭도들이 다른 곳으로 가도록 지시를 했다는 기사를 읽었다. 매일 웃는 인사와 서툰 언어의 대화 속에서 진실한 마음을 나눈 그들은 위험을 무릅쓰고 내 가게를 지켜준 고마운 분들이다.

다민족 사회인 미국에 살면서 우리는 얼마나 다민족의 일원이 되어가고 있을까. 서로 도우며 하나 되는 공존의 세상을 위해 우리는 얼마나 타민족에게 손을 내밀고 있는가! 우리의 후손이 미국 안에서 사랑받으며 살 수 있도록 우리는 이 사회를 위해 무엇을 하고 있는 것일까. 뒤돌아보는 시간이 필요할 것 같다.

하와이와 내 후손을 위해 내가 무엇을 하며 살아가고 있는가를 반문하며 무엇이 한인의 정체성을 세우는 것일지 오늘도 고민에 젖어 산다.

아름다운 동행

아름다운 미항 밴쿠버 관광을 마치고, 록키산 뱀푸로 가기위해 이른 새벽에 숙소를 나섰다. 자욱한 안개를 가르며 프리웨이를 타고 달렸다. 자연을 벗 삼아 지난날을 회상하고 미래를 꿈꾸며, 설레는 마음으로 자연과 하나가 되어갔다.

북부 캐나다 록키(Rocky)를 향해 가는 관문에는 반듯하게 잘린 목재를 싣고 꼬리에 꼬리를 문 기차 행렬이 인상적이다. 눈 덮인 산등성은 바둑판 모양으로 듬성듬성 나무가 잘려 나가 보기에도 안쓰러웠다. 벌판을 한가롭게 누비며 풀을 뜯는 육질이 뛰어난 검은 소(Black Angus), 푸른 목장에서 마음껏 뛰노는 말, 떼를 지어 나는 새들의 곡예, 차창으로 펼쳐지는 록키의 평화로운 풍광이다. 차디찬 봄바람을 가르며 산등성을 넘고 넘어 어둠이 내릴 즈음 밸 마운트에 도착했다. 숙소에 짐을 풀고 창을 열었다. 산 그림자를 따라 하얀 계곡이 펼쳐졌다. 계곡을 타고 찬바람이 밀려왔다. 얼어붙은 강물이 찬바람을 일으키는 바람의 집으로 보였다. 바람은 피리소리를 내며 밤새 산속의 적막을 깨우며 지나갔다.

하얀 산봉우리로 둘러싸인 밴프(Banff)를 지났다. 제시퍼(Jasfer)에 사는 캐나다 친구의 안내로 Pyramid산 호수를 보기위해 등산로를 향했다. 이곳을 찾은 각 나라 젊은이들과 인사를 나눈 후 8명이 한 조가 되어 산을 올랐다. 가던 길에 덥수룩한 하얀 수염에 모자를 눌러쓴 건장한 백인노인 베리(Barry)를 만났다. 베리는 골프용품을 팔러 하와이를 자주 오갔다고 한다. Jasfer에 석양이 질 때면 아름다운 와이키키 해변과 옛 추억이 생각나 잊을 수 없다며 하와이 추억을 생생하게 그려냈다. 그는 둥그런 하와이언, 노래, 훌라춤, 와이키키 골목길 이름을 대면서 자기소개와 함께 명함을 내밀었다. 칠십 대의 나이보다 젊어 보이는 체격과 맹수로부터 자신을 보호하기 위해 호신용 Spray, Bang까지 준비한 듬직한 산 사나이였다. 우리는 경험 많은 그와 동행하기로 했다.

한 시간 반쯤 산등성을 오르니 7마리의 산양(Ram)이 길모퉁이에서 우리를 반기고 있었다. 근접한 거리에서 보기는 처음이었다. 당황함 없이 도망가려고도 하지 않은 늠름한 모습이 산을 지키는 장수처럼 보였다. 얼마 남지 않은 호수를 향해 길을 재촉하는데 길잡이 노인이 귀한 약속을 잊었다며 하산을 하게 되었다. 우리는 기약 없이 헤어졌고 나는 선두에서 길잡이 역할을 하게 되었다. 가파른 산등성에 들어섰을 때 뒤돌아간 노인이 함께 가자며 가쁜 숨을 몰아쉬고 다시 합류를 했다. 천군만마를 얻은 듯 불안한 마음이 가시고 힘이 솟았다.

산모퉁이를 돌아서니 연푸른색 호수가 눈앞에 펼쳐졌다. 눈이 부셨다.

"와 이 산중에 이렇게도 큰 호수가!" 일행 모두가 외쳤다. 아름다운 호수경관에 정신이 팔려 잰걸음으로 앞을 향해 걷고 있는데 새끼 곰 한마리가 우리를 향해 나타났다.

"새끼 곰이다" 소리 지르며 멈춰선 순간 놀란 새끼 곰이 급히 길 뒤로 몸을 숨겼다. 긴장의 순간이 가시기 전에 새끼 곰이 사라진 뒤편에서 어미 불곰이 어슬렁대며 나타났다. 불곰은 록키의 가장 난폭한 맹수로 알려져 있다. 어미는 선 키가 3m, 체중이 800kg이나 되는 사나운 동물이다. 이곳을 등반한 산악인들이 두려워하는 불곰이 불과 십여 미터 앞에서 덤벼들 기세로 우리를 향해 달려오고 있었다. 뒤를 돌아보니 좁은 외길로 청년들은 줄행랑을 치고 있었다. 아내는 내 등 뒤에 바짝 붙어 섰고, 아내 뒤를 따라오던 신혼부부는 곰을 향해 철없이 사진 찍기에 바빴다. '오 마이갓' 호수에서 불어오는 바람보다 더 차가운 냉기가 우리를 그 자리에 얼어붙게 했다. 커다란 불곰이 나와 눈이 마주쳐 달려오고 있을 때 꽝~ 꽈과앙~ 꽝, 소리가 귀청을 떠나가게 했다. 베리가 급하게 "뱅"을 터뜨린 것이다. 장총소리 만큼 엄청나게 큰 총소리는 호수 주위의 산을 부딪치며 커다란 메아리로 울려 퍼졌다. 어미와 새끼 곰은 쏜살같이 산비탈을 달려 내려갔고, 폭음은 달아나는 곰발자국을 쫓으며 따라갔다. 구릉계곡을 미끄러지듯 사라져가는 곰 뒤를 멍하니 지켜보던 내 등엔 식은땀이 주르륵 흘려 내렸다.

그 노인이 다시 우리와 합류하지 않았더라면 우리는 어떻게 되었을까? 아찔한 순간이었다. 그는 생명의 은인이었다. 수십 년을 이 등산로를 다녔지만 불곰을 만난 것은 그도 처음이라 한다. 그는 곰이 김치에 간이 짭짤히 밴 한국산 육포가 생각나 기다리고 있었던 모양이라고 웃으면서 농을 던졌다. 곰을 쫓기 위해 Bear Bang을 가지고 다녔지만 오늘 처음 시험을 했다고 기뻐하신 노인의 아름다운 미소가 그립다. 우리를 위해 10년 전에 준비한 귀한 선물인 셈이다. 철저한 준비로 귀한 생명을 구했으니 그보다 큰 은혜가 어디 있겠는가.

하와이로 돌아와 하와이산 커피와 마카데미아 넛트를 생명의 은인께 사랑의 징표로 보내드렸다. 당신을 하나님이 우리한테 붙이셔서 우리를 지켜주셨다고 고마움의 편지도 함께 보냈다. 하와이를 잘 아는 노인 베리를 Rocky Pyramid산 등산로에서 만난 것처럼 세상에 우연한 만남은 없다. 우리의 일상에서 필연적인 만남을 주관하신 하나님께 항상 감사하며 살아가고 있다. 베리 노인이 우리에게 조건 없이 베푼 사랑처럼 하루하루의 내 삶이 누군가를 위해 위안이 되는 삶이 되도록 준비하는 마음으로 살아가야겠다. 살아 있다는 것, 그것이야 말로 최고의 행복이며 축복이기 때문이다.

믿음의 유산

지난 2천년도에 나의 시어머님은 86세로 생을 마치셨다. 작은딸이 근무하는 삼성병원 중환자실에서 혼수상태로 며칠 동안 인공호흡을 하시다가 몇몇 가족들이 지켜보는 가운데 평화롭게 조용히 소천하셨다. 시어머님이 소천하셨다는 소식을 듣는 순간 믿음으로 살아오신 나의 시어머님이 천국으로 가셨다는 확신이 들었지만 내 반려자의 가장 소중한 '어머니'라는 분이 이 세상을 떠나셨다는 슬픔과 우리와의 이별이 슬펐다. 나이 드시면서 그분은 평소에 늘 이 세상을 떠날 준비 기도를 해오셨다. 마지막 가는 길에 자식들에게 짐이 되지 않도록 오래 앓지 않고 잠자듯 조용히 떠나게 되기를 기도하셨다. 바라시던 대로 편안한 모습으로 숨을 거두시는 것을 보여줌으로써 기도를 들어주신 하나님을 증거하며 남아있는 가족들의 고통을 덜어주셨다.

열두 대문 집 갑부의 6남매 중 장녀이셨지만 청백리로 인정받던 선비한테 시집오셔서 전쟁으로 얼룩진 회한과 인고의 세월을 보내시며 고생을 많이 하신 분이 이렇게 이 세상을 떠나셨다. 우리 시어머님은 일제탄압, 해방, 6·25전쟁의 수난사를 살아온 가족사였고 민족의 가파른 수난사였다. 국운으로 인한 모든 수난을 다 겪으신 시어머님은 젊은 날 자식들을 위하여 기도하시며 불시착한 자리 서울에 꿈을 파묻고 살아있음의 의무를 완성해 내시었다. 그런 분이 막내딸 집에서 혼자 계시다가 갑작스럽게 뇌출혈로 쓰러지셨다. 삼성병원 중환자실로 옮겨 무의식 상태로 일주일 동안 계시다가 소천하시었으니 사람은 누구나 태어날 때와 마찬가지로 죽을 때도 혼자인 인간의 실존적인 고독이 어쩌면 당연한 것이 아닌가 싶다. 우리 시어머님의 소천은 우리 가족사의 한 시대를 마감한 동시에 집안의 어른이 없어지는 사건이기도 하다. 그러니 우리 아이들이 할머니의 존재를 잊어서는 안 된다. 그분은 폭풍우가 몰아칠 때 굳건히 제자리를 지켜주는 암반처럼 가족이라는 울타리의 튼튼하고 오래된 버팀목이 되어주신 분이시다. 세상풍파에 흔들리면서도 중심을 잃지 않는 소나무처럼 만고풍상을 견디시느라 뒤틀리고 휘어진 채 발무리에 힘을 주고 안간힘을 다하여 자식 6남매 모두를 최고학부까지 교육시키신 훌륭한 어머님이시다. 나의 시어머님은 성격상 무뚝뚝하시고 잔정이 없으셔서 어느 친손자들에게도 애정과 관심을 드러내지는 않으셨지만 늘 자손들을 위하여 기도해 주시는 할머니이심을 알고 우리 아이들이 마음속으로 늘 감사하게 생각해왔다. 어느 해인가는 우리 시댁이 모범가정상을 서울시장으로부터 받았으며 동네에서 복이 많은 할머니라는 별명이 붙을 정도로 노후에는 박사 아들들과 장군 아들 등 기라성 같은 자식들로 인하여 빛을 내시며 좋은 일도 보시고 주위 분들이 부러워했으니 하나님의 축복을 많이 받으신

분이시다. 이제 집안에 어른이 없으시다는 생각을 하니 찰스 핸디가 지은 책 『산이 움직여주길 기다리는 사람들』에서 읽은 내용 중에 '교육상 노인의 필요성'에 대한 말이 떠오른다. "현대 가정은 최소한 한 분의 노인이 필요하다"는 내용이 적혀 있다. 믿고 따를만한 제대로 나이 드신 노인의 이야기를 놓치지 말라고 하였다. 왜냐하면 그분들에게서 오랜 삶의 경험으로 인한 지혜를 얻을 수 있기 때문이라고 하였다. 내 생각에도 그분들은 더 오랜 과거를 되돌아 볼 수 있기 때문에 경험으로 인한 인생을 많이 알 수 있으시리라고 여겨진다. 엄밀히 말해 산전수전 다 겪고 제대로 나이 드신 분은 인생살이에서 무엇이 중요하며 무엇이 덧없는 것인지 잘 아시리라고 여겨진다. "가품이 있는 가정은 기억할만한 훌륭한 할아버지나 할머니가 계시기 마련이다."라고 하며 그분들이 세상을 떠나면 자손들이 그리워하며 그분들의 삶의 발자취를 기억하게 되기에 자신의 일부를 후손 속에 남겨 그 속에서 영원히 살아 있을 것이라는 내용도 그 책 속에 담겨져 있었다. 그 글을 읽으며 나도 장차 우리 손자손녀들을 위해서 믿고 따를만한 할머니가 되어야겠다고 마음 다졌다. 그리고 내가 이 세상을 떠난 뒤에 남은 가족들이 나를 어떻게 기억할는지를 생각하며 이제부터라도 더욱 진실하고 아름답게 살아가며 어느 누구에게나 사랑을 심어주는 일에 최선을 다해야 하겠다는 마음이다. 백세 시대를 사는 지혜로운 삶의 소명을 아름답게 무늬 놓으며 무성한 사랑으로 서 있고 싶다. 살아온 세월만큼 맑고 높이 사는 법을 따뜻한 회상으로 길어 올리는 오래 묵은 지혜를 생각한다. 따스한 어른으로 가정이라는 울타리 안 한 귀퉁이에 밝고 환한 빛으로 조용히 서서 갈길 묻는 자손들에게 어둠을 가만히 밝혀주며 안으로 안으로만 나이를 먹어도 괜찮겠다고 스스로 위안한다. 사는 일의 덧없음마저 춤으로 환치할 줄 아는 저 갈대처럼 생명의 내홍을 환희로 치환해 쾌활한 척 살아야 하리라. 목소리를 높이지도 생색을 내지도 않고 자기가 가진 능력과 소유를 나누는 믿음의 할머니로 살아야 하리라. 아름다운 삶의 마무리를 위하여 자손들에게 믿음의 본을 보이며 그렇게 거룩하게 늙어가며 겸허하게 살다가 이 세상 떠날 때엔 우리 엄마와 시어머님이 먼저 가 계신 천국으로 가기를 소망한다. 또한 모든 자손들이 부모님의 믿음의 유산을 온전히 이어받아 우리들 세대에 그 믿음을 잘 지키며 그 믿음의 유산을 자손만대까지 이어줄 수 있기를 기도드린다.

질투의 대상

옛 부터 내려오는 우리나라 속담에 '사촌이 땅을 사면 배 아프다'라는 말이 있다. 그 말을 빙자해서 내가 배탈이 나서 배 아플 때마다 남편은 내 아픈 배를 문질러주며 사촌 언니의 이름을 부르며 "ㅇㅇ가 땅을 샀나 강남 땅을 샀나 송파 땅을 샀나" 하는 식으로 노랫가락을 넣어서 전국의 이곳저곳 값비싼 땅을 생각나는 대로 흥얼거리는 소리를 들으며 나는 잠이 들곤 한다. 내 가까운 사람이 잘되는 것이 어느 면으로나 좋은 일일 터인데 사람들 마음이 왜 그런지 모를 일이다. 이 세상은 일장춘몽 물거품과 같다. 그런 이 허황된 시대의 한구석에서 친구보다 높은 자리에 있어 본댔자 좀 더 많이 가지고 있어 본댔자 또 미운 사람 짓밟을 수 있는 그까짓 돈, 명예, 권력 다 무엇인가. 바람 앞에 촛불만도 못한 대수롭지 못한 것, 인생은 짧고 곧 지나간다. 한판 서로 다투던 너와 나, 머지않아 모든 것이 끝나면 우리는 나란히 누워 잠이 들 것이다. 그렇게 백 년 이상을 살 수 없는 한정된 삶임을 알면서도 허망한 것에 집착하여 수단과 방법을 가리지 않고 상대를 짓밟으면서까지 뜨고 싶고 튀고 싶은 것일까. 생의 목적은 승리가 아니고 성숙인 것을 망각하고 적자생존의 치열한 삶에서 어리석은 자들은 가까운 상대가 잘되는 것을 질투한다. 출세와 야망에 불타고 있는 질투가 강한 사람은 상대를 깎아 내리려고 권력에 아부하거나 체제에 기생해 상대를 음해하고 모략하며 상대를 억울하게 하는 죄를 짓는다. 우리 또한 가까운 사람들의 질투로 인하여 가슴에 깊숙한 상처로 박혀 있는 참담한 통한의 아픔을 겪었다. 그로 인하여 육군 소장이었던 남편은 단 한 번의 실족으로도 칼바람 세상 속에서 참혹하게 부서져 내렸다. 기고만장하게 남의 인생을 망가트리는 그들 역시 참혹하게 부서져 내릴 허접한 껍질을 덮어쓰고서 남을 해치고도 본인들은 불사의 생명인양 착각 속에 살고 있었다. 그러나 무참히 당한 우리 가족은 그 후 옹골지게 맺힌 한으로 편안할 날 없었다. 이제 한 생애의 황혼녘에 이르러 세월의 길 위에 스쳐 지나간 바람 같은 잔상의 그림자들이 때로는 아픔이 되고 미움이 되어 슬픔이 덮어 내려도 세월이 가며 점점 날카롭던 서슬은 무디어져 간다. 어둠을 밝히는 별빛 아래의 고요한 마음밭에 피어나는 주님의 음성, "용서하라"는 말씀이 내 귀를 맴돌기 때문이다. 갈 때도 올 때처럼 빈손이어야 하기에 가슴에 저려둔 분노 바람에 실어 보내야 하기 때문이다. 내 남편은 일평생 푸른 제복을 입고 올바른 국가관과 투철한 조국애를 지닌 군지휘관으로 오직 국토방위 사명에 심혈을 기울이며 맡은 바 임무에 최선을 다하였었다. 열정적으로 살아 장군이 되기도 하고 자식들도 속 썩이는 일이 없어 누구보다도 다복한 우리 가정은 언제나 어디서나 부러움의 대상이었다. 공존하는 이 세상에서 사노라면 출세하고 성공하고 잘 살아보자는 것이 이 세상 삶의 경쟁이니만큼 천박하고 억센 시기심은 재능 있는 자와 노력하여 잘 사는 사람을 박해한다. 빈틈없고 완전함은 결함이 없다는 이유로 시기심이 많은 이들한테 미움을 사고 완벽함의 죄목으로 단죄된다. 내 또한 겸손치 못한 생각인지 모르지만 지금까지 살아오는 동안 우리도 여기에 해당되는 피해자라고 여겨진다. 지난 젊은 날을 돌이켜보면 대개의 보통 여자들처럼 속물스러운 나는 남편으로 인해서 명예나 권력 안에서 살고 싶었다. 또한 자식으로 인해서 빛나고 싶고 으스대고 싶은 욕망으로 남편과 자식을 위한 일에 최선을 다하며 젊은 나날 나를 위한 나는 존재하지 않았다. 오직 남편과 자식의 부속물로만 살아왔다. 대개의 아내들이 그렇겠지만 나는 지나치리만큼 지금까지 남편 뒷바라지에 아낌없이 투자하며 열정적이었고 자식들을 위하여 온 정성을 다하였다. 나를 위한 삶은 없었다. 그러면서 우리 부부는 닥친 현실을 열정적으로 헤쳐나가며 상대보다 앞서고 이기는 완벽함 때문에 언제나 어디를 가나 질투의 대상이었던 것 같다. 이제 내가 인생을 다시 시작한다면 뛰어나지 않게 조용히 있는 듯 없는 듯 매사에 일등도 아닌 그저 중간으로 적당히 살고만 싶다. 그러면 질투의 대상이 되지도 않고 깎아내리려고 하지도 않을 것이다. 우리의 경험인데 시기 질투에서 나온 비난은 언제나 최고의 업적을 번개처럼 강타한다. 한 가지 예로 우리가 전에 기회가 되어서 처음이자 마지막으로 큰 아파트를 매수한 일이 있었다. 벌써 오래전 일이다. 그때는 우리도 진급을 바라보고 더 잘되고 싶었을 때인데 조금이라도 떳떳지 않은 일이라면 왜 무엇 때문에 무리해서 집을 샀겠는가. 절대로 부정한 일이 없었고 시세보다 싸게 구입할 수 있는 좋은 기회를 놓치고 싶지 않아서 융자받고 형제들 도움 받아 좀 무리해서 구입하였다. 그러나 불행의 원인이 되었을 정도로 질투에서 비롯한 갖가지 무모한 비난을 받았다. 크고 좋은 아파트를 구입했음으로 시기 질투와 갖가지 억측으로 인한 구설수가 난무했다. 더구나 집 꾸미기를 좋아하는 내 탓에 화려하게 잘 사는 것 같이 보여서인지 여자들의 시기 질투로 인한 억측이 우리 인생길에 예기치 않은 불행을 가져온 원인 중 한몫을 차지했으리라. 그러니 너무 잘 해놓고 살아도 아니 되고 잘된 것 같이 나타내지 말고, 특별하게 행복한 척하지 말며, 잘사는 척 보이지 말아야 주위에서 비난을 받지 않고 모략을 받지 않는다는 것을 지금까지의 삶을 통한 경험으로 처절하게 터득하였다. 내 인생을 되돌아보아도 흠이 될 수 없는 행복한 삶과 유별난 부부의 사랑과 가정의 화목으로 남의 눈에 띄는 특출함은 질투를 일으키는 결점이 된다는 깨우침을 얻었다. 어떤 것이라도 남보다 앞서가고 축복받아 주목을 끄는 것은 질투를 받게 된다. 외국에서는 정당하게 누가 잘되고 축복을 받으면 갈채를 보낸다는데 우리나라 특히 진급경쟁이 치열한 공직사회에서는 상대를 어떻게 하든 깎아내리려고 한다. 겉으로는 잘 어울리고 좋은 관계인 것 같아도 상대가 꺾여야 자기가 진급이 되니 같이 심사대상이 되는, 동료끼리 서로 경쟁 대상으로 여긴다. 그러니 상대에게 씹히지 않도록 아무것도 모르는 척 매사에 특출하지 말아야 하며 뒤처진 듯 조용하게 죽어지내야 질투 모략을 받지 않는다. 이것은 지난날 세상의 개똥밭과 지뢰밭 사이에서 넘어지고 고꾸라지며 터득한 내 생의 비의(秘意)이다. 지난 내 삶 속에서 얼룩진 상처의 깊이만큼 사무치게 터득한 산 교훈이며 우선은 나 자신의 삶에 대한 지독한 반성이다. 내가 다시 태어나서 내 인생을 다시 시작한다면 매사에 뒤처진 듯 조용하게 평범한 인생을 살 것이다. 삶의 모든 순간을 통하여 모욕을 당하고 굴욕을 체험하며 가장 위대한 겸손은 내가 아무것도 아님을 깨닫는 것이다. 또한 남보다 앞서 가지 말고 내 자신이 텅 비어 있음을 깨닫는 겸손의 상태가 되어야 하나님도 나를 당신 자신으로 가득 채워주시리라. 이제 황혼녘에 지난 삶을 후회하며 반성하는 지금부터도 작고 낮아진 삶을 살아야겠다고 마음 다진다. 마치 얕은 시내나 개울물처럼 겸손하게 흐르기 위해서 만남과 만남 사이에서 상대의 마음 소리에 귀 기울이며 누구에게나 잘 어울리는 겸손한 삶을 살고자 한다. 새날이 열리는 날마다 하나도 자랑할 것 없는 나는 뽐내는 추함이 없게 하시고 늘 온유하고 겸손하게 하시기를 기도드린다.

믿음의 행위

예수님을 믿는 기독교인 중 한 생애를 지극한 사랑과 신앙으로 불태운 많은 분들이 있어왔다. 그분들의 이야기는 언제나 믿음의 본이 되고 감동을 준다. 그분들이 훌륭한 종교 지도자로써 존경받는 가장 큰 이유는 하나님께 대한 믿음으로 순교를 두려워하지 않을 뿐 아니라 이웃을 위해서는 실질적으로 헌신적인 사랑을 실천했기 때문일 것이다.

그러나 갑자기 어려움을 당한 나는 절망 속에서 지난날 가까이 지냈던 믿음의 사람들에게 실망을 하며 마음속으로부터 회의를 느꼈다. 교회 일에 앞장서고 열정적이며 그토록 믿음이 좋은 척하는 교인이라는 사람들 대부분이 회칠한 무덤처럼 위선적임을 느낄 수 있었다. 내가 고난에 처해 있을 때 비로소 사람들을 알 수 있었다. 그들에게서 진정한 사랑을 찾아볼 수가 없었기 때문이다.

입으로는 사랑을 부르짖는 교인들이 어려움을 당한 가까운 교우를 사랑하는 일에서조차 인색하고 이러쿵 저러쿵 말들만 잘 만들어 내었다. 남을 이해하기보다는 진실된 내용도 모르면서 본인들 잣대로 남을 판단하고 정죄하는 일에 스스로 재판관이 되기도 하였다. 불행을 당한 가까운 이웃 사랑도 자신의 선행을 나타내기 위하여 선택적으로 하려는 편협한 마음을 지니고 있음을 알 수 있었다.

나름대로 교회 일에 열정적이고 믿음이 좋은 척하는 사람들이 진실된 사랑의 희생으로 진정 믿음의 본을 보이지 못하는 것을 느낄 수 있었다. 그러면서 주님의 사랑을 부르짖는 기도는 유창하게 감동스럽게 잘들 한다. 세상 사람들이 흔히 말하기를 교인들은 말이 많다고 하더니만 하나님 말씀을 잘들 전하는 권사나 집사들도 남의 일에 사실 내용도 잘 모르면서 결과만 보고 죄인시하며 정죄하는 일에 말들만 많다는 것을 알 수 있었다.

"왼손이 하는 일을 오른손이 모르게 하라"고 하신 주님의 말씀은 기독교 교리이다. 그러나 이 땅 위에 많은 교회와 교인들이 떠들썩하게 자신들의 선행을 내세우며 이름을 날리는 일에 더 우선적이고 열정적이며 적극적으로 앞장선다. 그러면서 매스컴을 타는 교회의 공식적인 행사와 목사님이나 남이 알아주는 교회의 의식적인 행사에 늘 바쁘게들 움직인다. 실질적으로 남모르게 어려운 사람 돕는 일에는 예수 안 믿는 사람들보다 못하다는 것을 느낄 수 있었다. 가끔 나는 존재의 심연을 휘적거리며 소용돌이치듯 뇌까린다. 종은 울리지 않으면 종이 아니다. 노래는 부르지 않으면 노래가 아니다. 사랑은 실천하지 않으면 사랑이 아니다.

그러면서 나 역시도 회개하며 작은 일에서부터 이웃사랑을 실천할 수 있도록 기도와 말씀과 성령으로 세워지기를 원한다. 이 땅에서 칭찬받는 것을 원하지 않고 하나님께서 기뻐하시는 자가 되기를 원한다. 말씀 안에서 거듭나 그리스도인의 삶을 살아가기를 원한다. 모든 사람들과의 만남에서 장소와 환경에 관계없이 작은 사랑에도 최선을 다하며 행함이 있는 믿음을 갖기를 원하는 마음이다. 어느 성도든 어릴 적부터 성경 말씀의 교육을 잘 받았다 하더라도 세상을 살아가는데 필요한 실생활의 지혜와 사랑이 밑거름이 되지 못한다면 별 가치가 없다. 작은 일에 감사하며 사랑하며 충성하는 삶의 자세야말로 오늘의 성도들이 추구하여야 할 삶의 지혜라고 생각된다. 우리의 믿음과 소망도 종국은 하나님의 지상명령인 사랑의 실천으로 연결되지 않으면 쭉정이 벼이삭과 다름없는 것이 되고 말 것이다.

우리는 흔히 일주일간 7일 중에서 하루만의 교인이란 말을 자주 듣는다. 즉 교회 안에서는 성스럽고 신실한 교인인데 교회 밖에서 나머지 6일간은 신앙과 거리가 먼 생활을 한다는 뜻일 것이다. 따라서 신자가 노력을 경주해야 할 점은 교회 밖에서 어떻게 신앙을 실천하느냐가 문제이다. 교회의 예배 의식이나 신앙집회를 통하여 받은 은사를 6일간의 사회생활 속에서 사랑의 실천으로 결실케 하지 않으면 믿음의 완성을 기대할 수가 없다는 말이다. 그러므로 6일 동안 일터에서 행하는 사랑의 실천이 중요한 과제가 되지 않을 수 없는 것이다. 따라서 사랑의 실천을 동반하는 믿음의 행위는 예배 의식에 못지않게 하나님을 기쁘시게 하는 일인 것이다. 또한 우리 신앙인들은 누구에게나 어느 때나 겸손한 자리에 서서 하나님의 용서를 깨닫게 해주고 희망의 밝은 빛을 비추는 말과 태도로 사람을 접촉하는 것이 빛과 소금의 직분을 감당하는 것이 될 것이다. 안타깝게도 자신은 누구보다도 훌륭한 신앙을 가졌다고 스스로 인정하며 교회 직분이 어떤 특권계급이나 된 듯이 자기보다 신앙이 부족하다고 인정하는 사람 앞에서 믿음의 교만한 태도를 보이는 경우를 교회 안에서도 때때로 볼 수 있었다. 천국의 구원을 독점이나 한 것처럼 자랑만 늘어놓는 껍데기 신자가 아니라 교회 안에서나 교회 밖에서나 사랑을 실천하는 행위로 그리스도의 향기를 피워 올리며 겸손한 태도로 본을 보이는 그리스도인들이었으면 한다. 장로님 권사 집사 모든 교인들은 교회 직분 내세우기 전에 사랑을 실천함으로 믿음의 행위로 본을 보였으면 한다. 하나님이 가장 기뻐하시는 인간생활의 최고의 표본이 제자의 발을 씻겨준 예수님이라는 확신을 가졌으면 한다. 그렇다면 바리새인을 따르지 않고 겸손히 주님의 말씀을 따르게 될 것이다.

이산가족

TV에서 추석 이산가족 상봉을 보았다. 가슴이 뭉클 설움이 복받쳐 하염없이 눈물이 났다. 이제 와서 아득한 옛 이야기를 되새기는 꼴이 되어 아픔으로 다가왔다.

우리 어머니는 홀로 이북 땅에서 고통 받으며 사셨다. 긴 세월 64년이나 홀로 떨어져 살았기에 지금까지 살아계실 리 만무하다. 벌써 돌아가셨으리라 생각 되지만 문득 방문을 열고 들어올 것만 같은 그리움으로 가슴이 설렌다.

1945년 8·15 해방을 맞은 그 기쁨에 어머니는 시집보낸 딸을 찾아오셨다. 그 당시 나는 결혼하여 남편 고향인 평안북도 영변에 잠시 살았다. 어머니는 내 고향 평북 운산 북진에 사셨다. 버스로 4시간 가는 거리였다. 어머니가 그 해 11월 김장철에 오셨다. 오랜만에 딸집에 와서 잠시도 쉬지 않으시고 집안일을 다해주셨다. 음식 솜씨가 좋으셔서 청포묵, 팥수수단지, 강냉이, 조랭이국수… 등 여러 가지 정성들인 별식들을 자주 해주셨다. 평생 그 맛의 그리움을 잊을 수가 없다. 11월 김장철에 오셔서 맛있게 김치를 담가 주셨다. 그 당시 방앗간도 있었을 텐데 손수 김장고추를 절구에다 찧어 체에 쳐서 가루로 만드셨다. 매워서 재채기가 나면 코에 솜을 틀어막고 하셨다. 일 하는 아이가 있었는데도 모든 것을 손수하시고 싶어 하셨다. 김장을 마치면 김치를 차곡차곡 독에 넣어 주시고 12월 말경에 집으로 돌아가셨다.

그때가 해방된 해니 이북의 행정기관뿐 아니라 모든 체계가 흔들려 버스도 제대로 안 다녔다. 버스가 다니지 않아 어머니도 집에 돌아가실 때 북진으로 가는 화물차 짐칸에 타셔야 했다. 12월의 북한은 찬바람이 몰아치는 매서운 겨울이었다. 그 추위에 화물차 뒷칸에 짐처럼 실려 가는 어머니의 모습을 보는 순간 나도 모르게 눈물이 흘러내렸다. 어머니는 떠나는 차 뒤쪽에 서서 나를 향해 손을 흔드셨다. 목에 두른 하얀 털목도리가 거센 찬바람에 날려 물결로 춤을 추며 사라져 갔다. 그때의 헤어짐을 나는 고스란히 가슴에 담아 두고 살았다. 영화 같은 이별의 슬픈 장면은 내가 살아오는 동안 잊을 수 없는 상처가 되어 후회의 삶을 살아왔다. 어머니를 생각하면 잘해 드리지 못한 가슴 아픈 후회가 평생을 나와 같이 살고 있다.

그 후 어머니를 다시 만나지 못하고 다음해 고드름이 녹아 낙숫물 되어 떨어지는 봄날 월남한 남편을 찾아 죽음의 3·8선을 걸어서 넘어왔다. 딸 셋이 다 남하하였으나 사위집에 같이 살지 않는다며 어머니는 완강하게 이북에 혼자 남으셨다. 이 이별이 반세기를 넘길 줄이야 상상도 못했었다. 돌이켜 생각하면 그때 어머니의 완고한 고집을 꺾어서라도 모시고 왔어야 옳았다. 아버지는 조국의 독립을 위해 일하신다고 망명하여 중국으로 가셨다가 해방도 못 보시고 바로 전 해에 억울하게 돌아가셨다. 우리 부모님은 남다른 특별한 분들이셨다. 그 옛날 공부도 많이 하신 분들이 소신을 굽히지 않은 삶을 통해 끈끈한 가족애를 느끼지 못하고 외롭게 세상을 떠나셨다. 혼자 이북 땅에 남으신 어머니는 외로움 속에 얼마나 고생을 하셨을까? 평생 딸들을 그리다 얼마나 많은 눈물로 외로운 길을 떠나셨을까? 생각하면 가슴이 미어져 터지는 아픔이 밀려온다.

생사조차 확인할 길이 없는 남북분단의 한, 이 극한의 비극을 누가 풀어줄 것인가! 아직도 묘연하기만 해 안타깝다. 세월은 자꾸 흘러가는데 나 역시 이미 고령이니 두고 온 그리운 고향땅, 사랑하는 부모님의 산소조차 알 길이 없으니 하루하루가 허무하기만 하다.

하나님! 혈육을 갈라놓은 비정한 현실 앞에서 울부짖는 사람들의 목멘 기도를 들어 주십시오. 이미 반세기가 지났는데 아직도 얼마나 더 기다려야 한단 말입니까? 이 몸이 죽어 생전에 뵙지 못한 부모님을 상면하게 되면 무어라 변명을 해야 되나요? '너희들은 지금껏 조국통일을 위해 무엇을 했느냐'고 물으실 때 부끄럽게도 아무 할 말이 없습니다. 내가 죽기 전에 변명의 여지라도 만들어졌으면 얼마나 좋을까요. 하루빨리 암흑의 저 북녘땅에 평화의 물꼬가 트여 통일의 길이 열리도록 나의 조국에 축복을 내려 주소서! 지구상에 단 하나뿐인 분단국가의 아픔을 씻어주소서! 지금 이 순간에도 눈물로 세월을 보내는 이산가족들의 한을 풀어주소서! 이산의 아픔이 더 이상 이벤트적인 행사가 되지 않도록 하나로 통일되는 축복을 주시옵소서! 주여.

하루하루 한 맺힌 지난 삶을 되새기며 오늘도 기도로 달래본다

아름다운 노년

아침에 눈을 뜨면 감사하는 마음으로 하루를 시작한다.

오늘은 무슨 일을 할까? 아직 계획이 없다. 이제 노인이 되어 하던 일 다 내려놓으니, 행동반경은 좁아지고 인간관계도 줄어들고 의무 책임 벗어나니 하루의 생활이 무료해지고 머릿속은 이것저것 상념뿐으로 소일하게 된다.

오늘은 인간수명 100세의 시대가 열리고 있다. 그러나 장수하는 것만이 좋은 것은 아닌 것 같다. 젊어서 한국에서 살 때, 사돈 할머니가 우리 집에 마실 오시면 하시던 말씀이 생각난다. 그때 사돈의 나이는 70대였고 부유한 생활에 갖출 건 다 갖춘 복 있는 분이셨다.

"사돈 나 왜 이렇게 오래 살지요? 이제 그만 살고 가는 날만 기다리는데 그날이 빨리 오지 않아 사는 게 지루하네요." 하시던 말씀이 생각난다. 그도 그럴 것이 그 시절만 해도 모든 문화가 옛날이라 지금 같지 않아 늙으면 밥 먹고 잠자는 일밖에 없으니 요즘 노인들하고는 그 세계가 달랐다.

요즘 이 격변해 가는 문화 속에 노인들의 생활은 어떠한가! 내가 노인이 되니 그것이 문제로 남는다.

먼저 노인이 되면 더 행복해야 한다. 요즘의 현실은 모든 삶의 가치관을 판이하게 바꾸어 놓고 있다. 그렇다 세월이 얼마나 변했나! 나는 농경사회에서 태어나 산업화시대를 거쳐 정보화시대로 지금은 디지털 21세기 우주시대를 달리고 있다.

옛날 1세기를 거쳐도 다 해내지 못하는 것들도 오늘날에는 10년, 5년에 섬광을 터뜨리고 농경시대 이야기는 호랑이 담배 피던 시대가 됐다. 이렇게 격변해 가는 시대에 인간 삶의 의식구조가 변해가는 것은 당연한 일이다.

우선 한 예로 자식과 부모 사이의 관계를 생각해 보자.

요즘 부모자식 사이에는 세대적인 갭이 어쩔 수 없이 생긴다. 이제 효도란 말은 산업화란 말과 사라져 갔다. 자식은 부모의 사랑을 간섭이다 집착으로 안다. 부모자식 떨어져 살다보니 사랑의 유대도 소원해지고 젊은 자식들은 편안하게 사는 것이 우선주의로 되어 가고 있다.

지금까지는 인간 생활에 5복 받기를 원하며 살았지만, 요즘 젊은이들은 6복 받기를 원한다고 한다.

하나 더 첨부된 복은. 부모가 늙으면 자식에게 부담 주지 말고 빨리 세상 떠나는 것이 복이라고 한다 이것이 요즘 돌아가는 추세이니 슬픈 일이다. 그러니 늙어서 자식에게 부담스러운 존재로 남으면 안 되겠다.

부모 또한 이제는 고정관념에서 탈피하여 지혜롭게 현실을 잘 수용해가며 현명하게 잘 따라가야 하겠다. 노인이 되면 인생을 더 사랑하게 된다. 이제 자식에 대한 의무나 책임을 다 벗었으니 나머지 생은 행복해야 한다.

행복! 행복이란 어떤 것인가!

행복이란 어떤 커다란 성취감에서만 오는 것은 아니다. 일상생활의 적은 일에서도 마음가짐에 따라서 차지할 수 있다. 행복이란 주관적이고 심리적이기 때문에 흔히들 컵에 담긴 빈 잔의 물의 만족도를 말한다. 그러니 긍정적인 사고와 욕심과 기대치를 낮추면 행복지수를 높일 수 있다. 또한 행복의 비결은 관계에서 온다. 인간관계가 좋지 않으면 불행해진다.

가족관계, 친구관계, 누구와의 관계로 행·불행은 좌우한다. 요즘 자식들이 부모들을 학대하여 자살하는 부모들이 늘고 있다. 그러니 자식만 바라보고 매달리지 말고 마음을 터놓고 의논할 수 있는 친구를 만들어 놓는 것이 좋겠다. 늙어서는 은행에 저축하는 것보다는 친구 찾아 투자하는 것이 더 현명한 일이다.

함석헌님의 시 한 수 소개 하겠다.

친구

그 사람 가졌느냐
세상 길 험난한 길 삶의 고뇌 엮어가며
차마 아내에게도 하지 못한 말
스스럼없이 할 수 있는
그 사람 가졌느냐

인생의 소중한 일은 소통과 대화이다. 우리는 누군가를 만나면서 산다. 그런데 누군가를 만나느냐에 따라 그 시간의 기쁨의 척도가 다르다.

얼굴이 다르듯이 그 사람의 느낌이 다 다르다. 대인관계에 칭찬을 아끼지 말고 만나서 불쾌한 사람은 멀리하는 것이 좋겠다.

노인이 돈에 인색하게 굴면 추해지고 초라한 차림도 좋지 않다. 늙었다고 숫자적인 나이만 세지 말고 젊음의 느낌을 유지해야 한다. 삶의 규모와 진실한 생활로 소박하고 아름답게 늙어 가자.

부모가 자녀들에게 줄 수 있는 가장 좋은 유산은 좋은 기억, 좋은 습관, 좋은 인상이라 하였다. 우리 모두의 여생이 행복하고 아름다워야 한다.

노인의 건망증

나는 요즘 친구가 별로 없다. 미국에 와서 제일 가깝게 지내던 친구가 4년 전에 하늘나라로 가고 또 한 친구는 본토로 이사를 갔다.

두 친구를 회상하건대 마음씨 착한 아름다운 여인들이었고 나를 주중하게 감싸 주었고 서로의 생각과 마음을 공유하던 금란의 친구들이었다.

하와이에서 홀로 오래 살아온 나에게 가족을 대신해 주던 그 친구들의 삶의 무게란 너무 크고 막중했건만 그들의 빈자리가 나를 너무 쓸쓸하게 하는 요즈음이어서 외롭다.

나 역시 이제 평균수명을 넘어서다 보니 몸이 많이 낡아진다는 생각이고 머리는 녹이 슬 듯 다시금 옛날의 총명함이 점점 사라져가니 나의 활동반경도 좁아져서 이제는 새 친구를 사귀기도 힘이 든다. 옛말에 인생의 행복의 열쇠는 대인관계요 늙어서의 친구는 보약과 같다는데 이제는 대인관계의 친화력도 떨어지고 부족하여 친구조차 잘 사귀지도 못하니 슬픈 날의 노래로 인생의 해가 진다.

그러던 나에게 요즘 한 일본여인과 가까이 지내게 되는 기회가 왔다. 서로 알고 지낸 지는 오래되었건만 그다지 가까이 지내지 못하다가 이제 서로가 늙어가니 정이 그리워서 내게 다가 온 듯하다. 그녀는 신실한 기독교인이며 하와이에서 50여 년을 살아온 로컬 여인이다. 과거 하와이 법정에서 통역을 담당하기도 하였고 여러 책들도 번역하였던 총명한 여인이다.

서로가 만나면 외로움을 말하며 나와의 따뜻한 정감 있는 유대관계를 청하여 온다. 나와는 나이가 6년이나 연하이며 아직도 운전을 할 수 있는 활동적인 여인이다. 그래서 나만 차에 태우면 이리저리 어디든지 달려간다. 그런데 문제가 하나 있다. 쇼핑센터나 넓은 주차장이 있는 곳으로만 갈라치면 항상 주차장소를 찾지 못하여 한참을 찾아 헤맨다. 이곳저곳 방향감각도 가끔씩 없다. 그래서 주차장에 세워놓은 차를 기억하고 찾아내는 일은 나의 몫이다.

며칠 전이다. 여행을 갔다가 돌아왔으니 나와 함께 저녁을 먹겠다고 하여 과거에 운동하다 다친 눈으로 인하여 밤길은 애초 다니지 않기로 마음먹었던 터라 극구 사양을 했건만 너무나 간절히 청하는 차에 따라 나섰다.

알라모아나 쇼핑센터에서 저녁을 맛있게 먹고 차도 한 잔 마셨다. 씨얼스 아래층 뒤편에 차를 주차해 놓은 것을 기억하기에 함께 차가 주차되어 있는 그곳으로 갔다.

그녀가 잠시 화장실에 다녀오겠노라고 나를 주차가 되어 있는 곳 의자에 기다리게 해 놓고는 씨얼스 안으로 들어갔다. 나는 적어도 10분

정도면 충분히 일을 보고 돌아오겠거니 하고 편히 앉아서 그녀를 기다리고 있었다. 그런데 화장실에 간 그녀는 웬걸 20~30분이 지나도 돌아오지를 않는다. 시간은 점점 흘러서 주변은 이미 어두움이 찾아왔는데…. 마음이 조금씩 불안해지기 시작한다.

기다리다 못해 씨얼스 안으로 들어갔다. 바로 문 앞에 화장실이 가까이 있었기에 화장실 안에 있나 싶어서 이름을 크게 불러보아도 아무런 인기척이 없다. 다시금 밖으로 나와서 그녀의 차량을 확인하니 이런저런 불안한 생각이 자꾸만 떠오른다. 필시 무슨 일이 벌어진 모양이라며 불안감이 커지니 생각이 비약되어서 쓰러져서 병원에라도 실려간 모양이라고 생각이 드니 안절부절못하였다. 한 40분이 지났을까? 그녀가 헐떡이며 나타났다.

설명인즉 화장실을 나와서 내가 있는 곳의 출구를 찾지 못하여 이리저리 찾다가 결국 늦어지게 되었노라고 말했다. 그러면서 나에게 미안해서 어찌할 바를 몰라 한다. 나는 너무나 어이가 없었으나 장장 40분이면 아무리 어린아이 걸음이라도 알라모아나 2, 3층은 족히 돌고도 남을 시간이 아닌가? 다시 생각해보니 점점 어두워지는 밤이고 또 내가 기다리는 장소를 잠시 잊어버린 것일 게다. 나는 오래 기다리면서 이런저런 생각을 하게 한 것이 화가 좀 났으나 이해를 해주기로 하고 집으로 돌아왔다.

집에 돌아와 누워서 생각을 하니 젊을 적 그토록 똑똑했던 그녀가 그렇게 된 시간이 갑자기 서글퍼지고 안쓰럽기까지 하였다. 그토록 총명하던 그녀도 이제는 노인의 길로 들어섰는가보다. 세월이 너무 설글프다.

그것이 왜 그녀만의 일이던가? 나는 어떠한가?

값없이 덧없이 가버린 세월 이제 남은 길은 망각의 길, 그 길이 슬퍼서 눈물이 눈가에 맺힌다.

빨갱이 마누라

민족의 비극. 동족상잔의 6·25 한국전쟁. 아아 잊으랴 어찌 우리 이날을!

전쟁이 발발하기 바로 전해 내가 초등학교 2학년 때 가을 정희네 가족이 뒷집으로 이사를 왔다. 나보다 다섯 살 어린 외동딸 정희는 한번 성깔이 나면 앙칼지게 울어 성난 황소울음 같아 옆에서 지켜보기가 무척 민망했다. 정희 아버지는 홍성 법원 서기로 근무하셨는데 좀처럼 이웃사람들과 어울리는 모습을 본 적이 없다. 반면 조용한 성품의 정희 어머니는 겸손과 친절이 몸에 배어 늘 부드러운 미소를 지닌 청아한 모습이었다. 그 당시 홍성 군청에 근무하시던 나의 아버지는 빼어난 선비 선풍도골(仙風道骨)이셨고, 법 없어도 사실 분이라고 칭송을 받았다.

어느 날 새벽(6. 25) "딱! 딱! 따다닥 딱! (따쿵!)" 평소에 듣지 못했던 둔탁한 총소리에 놀라서 새벽잠을 깬 아버님께서 급히 군청에 다녀오신 후 '전쟁발발'의 비보를 접하게 되었다. 상황이 심각하니 어서 속히 피난 준비를 서둘러야 한다며 성화셨다. 불법남침을 자행한 북괴군에 의해 평화스럽던 조국강토가 무참히 짓밟히게 되었다. 저주스럽던 인민공화국의 깃발 아래 이 땅이 점거되고 평소에 숨어 지냈던 지하세력, 빨갱이들의 세상으로 뒤집히게 되었다. 홍성 경찰서 건물에는 '내무서'란 간판이 걸리고 건물 옥상에는 인공기가 게양되었다. 우리 집 건너편에 위치한 홍성감리교회 건물엔 '민청련 사무소'로 간판이 바뀌어 걸렸다. 갑자기 들이닥친 인민군에 의해 교회 안벽에 걸려있던 태극기와 예수님 사진이 무참히도 밟히고 찢기어 훼손된 모습을 공교롭게도 어린 내가 두 눈으로 직접 목격할 수 있었으니 충격이 크고 무서웠다. 어디서 나타났는지 늘어난 빨갱이들의 득세가 날로 더욱 고조되어 갔다.

출퇴근 시 외에는 평소 모습을 좀처럼 보기 힘들었던 뒷집 정희 아버지가 왼쪽 팔뚝에 꽤 높아 보임직한 완장을 둘러차고 분주하게 다녔다. 종횡무진 부지런히 왔다 갔다 하는 모습을 보고 언제 저분이 저렇게 높은 빨갱이 간부였던가 하는 의구심과 함께 새삼 놀라움을 금할 수 없었다. 어느 날 저녁 늦은 시간

"계세요? 저어 전해드릴 말씀이 있어서 왔어요." 뒷집 정희 어머니의 갑작스런 방문에 당황한 어머니는 안방에 몰래 숨어계시던 아버님을 다락방 안으로 황급히 떠밀어 숨기고 나서야 밖으로 나와 손님을 맞이했다.

"저어, 월산 아버님은 워낙 인심이 후하시고 인덕이 많으셔서 별일 없을 테니 뭐 별도로 고생스럽게 피난을 가지 마시고 그냥 조용히 집

안에 숨어 계시라는군요. 무슨 일이 생기면 즉시 저희에게 알려주시래요. 꼭 책임지고 도와 드릴 수 있다고요…." 나와 어머니는 숨을 죽인 채 고개만 끄덕이고 있을 따름이었다.

우리에게 한없는 용기와 희망을 안겨주었을 뿐만 아니라 그 뒤로도 수시로 찾아와 그간 무슨 어려움은 없었는지 자상하게 묻곤 했다. 생명의 은인이 된 정희 어머니와 아버지가 측량할 길이 없을 만큼 고마웠다. 이럴 줄 알았더라면 진작 정희 아버지나 어머님께 좀 더 인사를 잘했어야 했는데, 아니 정희를 가끔 놀려대지 말걸 그랬다 싶어 후회가 막급이었다. 이튿날 집안에 간직해오던 귀중품 일부를 항아리 속에 감추어 정원 앞마당에 조심스럽게 파묻고 나서 아버님은 부엌 아궁이를 통해 마련된 방고래 구들장 밑에 은신처를 만들어 숨죽이며 숨어 계셨다. 어디 기침 한번 제대로 하실 수가 있었겠는가? 아버님은 공무원이셨으니 숙청 대상 우선순위 1호가 될 수도 있었지만 천만 다행히도 화를 모면할 수 있었다.

인민군 전투 및 야간 행군 시에 필요하다면서 주먹밥과 된장, 고추장, 양파, 고추 등을 한데 버무리고 시루떡을 쪄서 만든 이른바 비상식량을 시도 때도 없이 해 대라는 성화가 이어졌다. 그나마도 감사한 마음으로 어린 나도 곁에서 거들었기에 선수가 될 만큼 만드는 솜씨도 숙달되었다. 민청련 사무소 간판 아래 모여들던 낯모를 청년들을 먹여야 한다며 제멋대로 창고를 뒤지고 제멋대로 시도 때도 없이 제 것인 양 곡식을 마구 퍼가며 살림을 거덜 냈다. 짜증스러울 법도 하건만, 목숨만은 살려주는 대가로 알고 감지덕지해야만 했던 일들이 가슴 아픈 추억으로 남아있다.

국군과 유엔군의 활발한 북진으로 전황이 역전되어 인민군은 점점 자취를 감추기 시작했고, 9·28 수도 서울이 탈환되어 중앙청 건물 옥상에 태극기가 다시 게양되었다. 그 환희를 어찌 다 말로 표현할 수 있었겠는가? 한편 전세가 역전되자 정희 아버지는 처자식을 헌신짝처럼 내버리고 가족 곁을 떠난 채 돌아오지 않았다. 정희 어머니가 감당할 수 없는 곤욕을 당하던 모습이 오래도록 뇌리에서 지워지지 않는다. 빨갱이 치하에서 숨죽이며 온갖 설움을 견디어왔던 동네 사람들이 어디서 모였는지 한꺼번에 떼로 몰려왔다. 정희 어머니의 머리채를 낚아 쥔 채로 개 끌듯이 땅바닥에 질질 끌고 다니면서 욕을 퍼부어대며 몽둥이찜질을 해대는 것이었다.

"이 걸레 같은 빨갱이 마누라야! 이 개 같은 년아! 늬 남편 빨갱이 골수분자 어디다 숨겨놨니? 빨리 말해라 이 찢어 죽일 년아!" 어찌 저 참혹한 형벌을 정희 어머니 혼자서 감당해야 한단 말인가? 전쟁의 비극이 이토록 처참할 수 있더란 말인가? 마치 십자가에 못 박힌 채로 고통과 고난을 감수하시던 예수님의 고난과도 흡사한 모습으로 보였다. 정희 어머니는 모든 걸 체념했던지 몹시도 견디기 힘든 고통이었을 텐데도 불구하고 얼굴 하나 찡그리지 않고 무덤덤하게 '운명'으로 알고 받아들이고 있었다. 변명도 저항도 구걸도 사죄도 포기한 채 넋을 잃고 그냥 될 대로 되라는 식으로 몸을 내맡긴 채 비참한 수모를 당했다. 어쨌든 우리 가족 생명의 은인이었는데, 그렇다고 내가 할 수 있는 일은 아무것도 없어 속수무책으로 안타깝기만 했다. 일순간 정희 어머니의 눈이 나와 마주치는 순간! 소스라치게 놀란 정희 어머니가 번개처럼 얼굴을 돌려 외면을 하는 것이었다. 마치 못 보여줄 장면을 들키기나 했던 것처럼…. 그때 정희 어머니의 두 눈은 내게 이렇게 말하는 것 같아 보였다.

'월산! 미안하다. 부끄럽다. 용서해다오. 다시는 이 땅에 이러한 비극은 없어야 하겠구나. 너는 이담에 커서 훌륭한 사람이 되어라….'

중공군의 개입으로 전세가 역전되어 1·4후퇴가 단행되자 우리 집 식구들은 또다시 이산가족이 될 수밖에 없었다. 급박한 상황이라 아버님과 위로 큰형 그리고 작은형은 인민군에 강제징용 되거나 보국대 등으로 차출될 것이 두려워 목숨을 걸고 남하(南下)의 길을 택할 수밖에 없었다. 잔여가족을 집에 두고 먼저 부여 방향으로 떠나셨고, 나는 어머님을 따라 두 동생을 거느리고 청양군 사양면 나림리의 친척집으로 눈물겨운 80리 피난길을 걸어야 했다. 네 살배기 여동생 경숙이를 등에 업고 힘들어하는 일곱 살배기 남동생 낙중이를 윽박지르며 중공군이 쳐들어오는데 너 그냥 총에 맞아 죽을래? 라며 채근했다. 경황없이 떠나온 피난길에 미처 챙기지 못한 집안 살림이 마음에 걸리셨던 어머님께서는 안절부절 살림살이 걱정으로 밤새 잠을 못 주무시더니 이튿날 새벽 날이 밝기가 무섭게 우리 3남매를 친척집에 맡겨둔 채, 홍성으로 떠나신 후 이틀이 지나도록 전혀 소식이 없었는데 멀리서 들려오던 포성은 점점 더 가까이 들렸다. 어머님을 찾아 밤새도록 울어대던 경숙이를 달래느라 함께 지치고 말았다.

사흘 만에 돌아오신 어머님과 합류한 우리 세 식구는 두 달이 지나고 비장한 결심을 하신 어머님을 따라 홍성 집으로 복귀하게 되었다. 골목에 이르자 집집마다 태극기는 간곳없고 인공기가 게양된 채 바람에 나부끼고 있는 모습을 보고 가슴이 덜컹하며 속으로 울었다. 어린 나이에 난생 처음 서럽게 울었던 기억이 난다.

내가 장성하여 국가와 민족을 위해 생명을 바치고자 푸른 제복의 사나이가 되어 자랑스러운 직업군인의 길을 걸어오게 된 것도 결코 이와 무관하지 않다.

빨갱이 마누라! 열 살의 어린 나이에 그 참혹한 장면을 목격한 후 무려 60년이란 기나긴 세월이 흘렀건만 아직도 생생하게 눈앞에 그려진다.

요즘 북한의 정세가 심상치 않아 보인다. 다시는 이 땅에 비극이 발붙이지 못하도록 철통 같은 안보태세를 굳건히 하는데 일조라도 해야겠다.

호랑이 발톱

울산지역 연대장 근무시절 어느 날 저녁, 방위병이 부친을 모시고 나의 관사를 방문했다. 유명한 프로야구 선수 및 감독 출신이라는 그의 부친이 조그만 선물을 내게 가져온 것이다. 그 병사에게 관심을 표명했던 작은 일을 가지고 자식에 대한 은혜의 보답이라며 뼈로 된 '빨뿌리'를 내밀었다.

"전 담배를 안 피우는데요."라며 사양했으나 굳이 간직하고 계시라며 강권하기에 억지로 받게 되었는데, 그 '빨뿌리'가 고래이빨로 만든 것인데 고래 중에서도 가장 무섭고 사나운 '나가쓰'란 이름으로 매우 난폭하고 사나운 놈이란다. 그분은 직접 고래에서 채취한 이빨로 정성스럽게 만든 특이한 제품이었다. 몸집이 큰 짐승의 뼈로 만든 제품을 몸에 지니면 액땜이 되고 행운이 온다며 잘 간직하라는 말을 덧붙였다.

그 후 십여 년 이상 소중히 간직해 오다가 애연가인 최 회장님께 선물로 드렸더니 만나는 사람마다 자랑을 늘어놓았다. 그런데 어느 날부턴가 갑자기 빨뿌리의 모습이 보이지 않았다. 알고 보니 '분실'이라 했다. 방위병의 부친에게 대단히 송구스럽고 부끄러운 마음이 꽤 오랫동안 내 마음 한구석을 떠나지 않았다.

불현듯 '호랑이 발톱 사건'이 새삼스럽게 떠오르는 게 아닌가. 파월 맹호 혜산진부대(26연대) 5중대장으로 '송까우' 153고지에서 독립중대장으로 근무 시 있었던 일이다. 중대기지 주변 계곡 '오물장' 근처에서 저녁이 되면 이상한 소리가 자주 들려오기에 2소대장 권 중위로 하여금 계곡 접근로 지역에 자동크레모어(부비츄랩)를 설치하라고 지시했다. 며칠 후 갑자기 중대 기동 매복 작전에 출동하게 되어 '잔류대장'으로 권 중위를 기지에 남겨두고 출동했다. '모쪼산' 기슭을 수색하다가 뜻밖에 조우된 베트콩(VC 5명)과의 교전에서 다행히 좋은 성과를 거두고 잔적소탕을 위해 야간 잔류 매복 중, 중대기지에서 날아온 무전연락이 의외였다.

"중대장님! 2소대장입니다. 자동크레모어가 터졌습니다."

"한밤중이라 확인할 수가 없습니다만 소리가 요란한 게 베트콩 1개 분대는 되는 것 같습니다." 짧은 보고였다.

"어이! 조심해! 잔적이 있을지 모르니 도주로 차단사격을 잘하고 내일 새벽 일찍 수색해보고 결과를 알려주게. 권 중위 축하해!"

이튿날 아침 놀라운 소식이 날아왔다.

"중대장님! 호랑이 한 마리 잡았습니다."

베트콩이 지나다가 인계철선을 건드린 것이 아니라 '오물장' 근처에 접근하여 먹잇감을 찾으려던 호랑이 한 마리가 통로에 설치된 인계철선을 건드린 바람에 크레모어 4발 중 2발이 근거리 위치에서 폭발하여 호랑이의 복부를 훑고 나갔다는 것이다.

"이게 웬 떡이란 말인가?"

나는 그 순간 그런 생각을 잠시 해보았다. 한 달 전 1소대에서 전방 매복 작전 중 크레모어 오발(부비추랩 설치 중 조작 미숙)로 4명의 부하를 잃었던 한풀이라고나 할까? 기동매복 작전을 성공리에 종료하고 중대기지에 복귀해 보니 어느새 호랑이를 껍질 벗겨 거꾸로 매달아 둔 것이 눈에 들어왔다.

"와아 ! 크다 그놈!"

창경원 동물원에서도 그렇게 큰놈은 본 적이 없다.

크레모어 2발을 맞고도 가죽 상태가 거의 하복부 일부를 제외하고 손상이 없었던 것을 보면 용케도 빗겨 맞았거나 아니면 가죽이 워낙 두껍고 질겨서였던지 아주 상태가 양호했다. 호랑이 고기 한번 맛 좀 보자며 전 중대원이 한두 점씩 나누어 맛보았다. 나는 기념으로 호랑이 발톱 한 개를 얻어 귀국 후 오랫동안 보관해 왔었다. '견물생심'이라더니 호피를 보니 얼핏 떠오르는 생각을 억누르기 힘겨웠다. 내가 중대장 인수 시 유감스럽게도 씨레이션(C-RATION) 1,350박스(4,050불 상당)를 손해(장부상 마이너스) 보았으니 이번 기회에 이 호랑이 껍질을 팔아치운다면(당시 3,000불에 흥정이 제의됨) 상당부분 만회가 될 수 있겠구나 생각하다가 아니지. 2소대장 권 중위에게 전공 기념으로 주는 게 옳다는 생각이 들었다. 그도 그럴 것이 나보다 파월 고참인 권 중위가 소대장 첫 매복 시 부하 교육 미숙으로 불행히도 아군끼리 '오인사격'을 하게 되어 위생병 김 병장이 전사한 것을 일

년 내내 괴로워한 나머지 자신의 파월 전투수당(중위 : 월 120불)을 고스란히 모아두었다가 귀국 무렵 그 희생된 부하의 고향 부모님께 몽땅 귀국선물 BOX로 보내주었음을 전해 듣고(소대 선임하사 문오정 중사 귀띔) 이 판국에 중대장인 내가 치사하게, 호랑이 껍질을 탐낸다는 사실이 '무능한 선배, 욕심 많은 지휘관'이란 부끄러운 발상이었기에 생각을 고쳐먹고 그에게 주기로 결심하였다. "권 중위! 자네 이젠 귀국해야 될 텐데 귀국선물 준비해둔 것 있어?"

아무것도 없음을 알게 되었고, 나는 그에게 '항공잠바'와 파카만년필을 장만해 주었다. 그가 자기 손으로 직접 장만했던 것은 카세트형 녹음기 겸 라디오 내셔널 파나소닉 한 대가 고작이었다.

"자 이건 중대장이 자네 귀국선물로 주는 거야. 잘 보관해! 나는 발톱 한 개면 족해!"

나는 기념으로 호랑이 발톱 한 개를 얻어 귀국 후 오랫동안 보관해 왔다. 귀국하여 얼마 후에 그를 만났을 때 전해들은 이야기는 허무하기만 했다. 그는 파월 전 전방부대 소대장 시절 대대장이셨던 H 중령이 마침 파월 맹호부대 G 참모였던지라 귀국 전 사단 보충대에서 그분을 만나 한껏 호랑이 껍질자랑을 했던거라 그 자랑이 화근이 되어 그분께 전달(강탈)되었고 그분 역시 끝까지 간수치 못하고 얼마 후 타의에 의해 사단장께 상납하게 되었더란다. 그럴 줄 알았더라면 차라리 당시 '전과보고'라도 했다면 전우신문에 대서특필로 게재되기도 하고 장병들 특진도, 특별휴가는 물론 훈, 표창도 기대해 볼 수 있었으련만….

그 말을 들었을 때 뒷맛이 씁쓸했지만 물건은 갖는다고 주인이 될 수 없다는 것을 알게 되었다. 어느 물건이든 꼭 필요한 사람이 가질 때 비로소 빛이 나고 가치가 있다. 그러고 보면 애당초 호피나 빨뿌리는 내 것이 아니었던 것이다.

장미와 금준이

육군 대위시절 원주 제일하사관 학교에 보직을 받아 이사를 했다. 할머니와 어린 자식 남매를 거느리고 홀로 사는 장미 엄마가 집주인이었다. 미군부대 캠프 롱(Camp Long) 식당 종업원인데 제각기 아비가 다른 혼혈아 장미와 금준이 남매를 키우고 있었다. 한집에 살면서도 좀처럼 얼굴을 볼 수가 없었다. 초등학교 4학년에 다니던 장미가 꽤 성숙하여 처녀티가 났으나 집에 들어오려 하지 않고 늘 밖으로만 뱅뱅 맴돌았다. 알고 보니 할머니의 유난스런 남아 선호사상 때문이기도 했고 자신도 공부엔 흥미가 없기도 했던 것 같았다. 모처럼 장미와 자리를 함께한 적이 있었다.

"장미야! 아저씨가 재미있는 옛날 이야기해줄까?"로 시작된 우리의 대화는 점점 흥미롭게 이어졌다. 이솝 이야기를 비롯하여 거북이와 토끼, 콩쥐팥쥐, 개미와 포수 등 장미가 알고 있는 것들을 걸러 내가며 이야기의 꽃을 피워갔었다.

"장미야! 너 공부 잘하니?"

"꼴찌나 마찬가지죠 뭐. 엄마한테 꼴찌 한다고 늘 혼나요."

때리려 드는 호랑이 할머니가 무서워 집에 들어오기가 겁이 나서 공부 대신 밖에서 노는 게 더 재미있다고 했다. 공부를 못한다고 가끔은 엄마한테 혼나기는 하지만 엄마는 할머니처럼 때리지는 않아서 다행이라고 했다.

"너 지난번에 보니까 달리기를 잘하던데?"

"달리기는 일등 할 수 있어요. 노래하고 싸우는 것은 날 당할 애가 없어요."

"그래 맞아! 바로 그거야! 그렇다면 넌 공부도 잘할 수 있어."

이렇게 하여 가까워진 우리는 틈나는 대로 공부를 시작하게 되었다. 혼혈 2세는 두뇌가 명석하다더니 장미도 영리한 편이어서 진전 속도가 빨랐다. 한 달 여 지난 어느 토요일 오후 좀처럼 모습을 보이려 하지 않던 장미엄마가 방문을 노크하고 들어와 우리 부부 앞에 무릎을 꿇고 울음을 터트렸다.

"선생님! 사모님! 정말 감사합니다. 장미가 13등을 했어요. 반에서 늘 꼴찌였었거든요"

"정말 축하드립니다. 앞으로는 일등도 할 수 있겠지요. 장미가 꽤 영리하더라구요." 장미 엄마가 울면서 털어놓았다. 충북 ㅇ천에서 태어나 어머니의 모진 학대를 견디다 못해 열세 살 어린 나이에 가출해 전전하다가 종로 5가 모 다방 종업원으로 있던 중 주먹잡이 우두머리의 손아귀를 벗어나지 못하고 농락당하다 정처 없이 흘러온 곳이 동두천 미군부대 주둔지역이었단다. 속 편하게 양공주 생활을 시작하여 돈도

벌고 요령도 생겨 이곳 원주까지 오게 되었다고 했다. 다행히 캠프 롱(Camp Long) 하사관 식당 종업원으로 발탁되면서 미군 주임상사와 동거하여 첫딸 장미를 낳았고, 그 남자가 귀국하고 나서 인계된 후임자와 다시 동거하여 둘째 아들 금준이를 낳았는데, 이젠 그도 귀국하였으니 홀로 지내는 게 속 편하다며 주변사람들의 눈총이 따가워 부대근무 외엔 아무도 안 만나고 싶어 꼭두새벽에 출근하고 한밤중에야 퇴근 한다고 했다.

“두 분처럼 저에게 인간 대우를 해주신 분은 없었어요. 저는 평생 감사할 거예요.” 그날 이후 장미 엄마와 가까워지기 시작한 우리 부부는 매사에 카운슬러로서의 역할을 자연스럽게 하게 되었다. 장미 모녀를 미워하던 할머니는 남들이 장미 할머니! 라고 부를 때마다

‘나는 금준이 할머니지 장미할머니가 아니에요. 저년은 지어미 닮아서 화냥년이 될 게 뻔해’ 라며 호통을 치셨다.

“할머니! 화냥년이 뭔데? 나 커서 할머니 말처럼 화냥년 될 거다.”

할머니와 손녀와의 대화를 들으면서 무거운 마음을 억누르기가 힘이 들었다.

장미 할머니는 고향에서 대폿집을 운영하다가 남자와 눈이 맞아 남편과 자식을 버리고 야반도주한 이래 행방을 모르다가 최근에 수소문하여 장미 엄마가 모시게 된 거라 했다. 서글픈 모전여전이라고나 해야 할까? 장미 엄마는 장미만큼은 우리처럼 파란만장한 운명을 겪지 말아야 되는데 라며 울먹이곤 했다. 어느 날 장미엄마가 심각한 인생상담을 요청해 왔다. 장미가 3학년 때까지는 자신의 출생신분에 관해서 무관심했는데 요즘은 점점 달라지는 것 같아 불안해 못 견디겠다는

내용이었다. '엄마! 튀기가 뭐야? 나보고 애들이 아이노꼬라구 놀려대는데….' 학교에서 돌아와 엄마가 퇴근해 오기만을 기다렸다가 묻곤 하는데 괴로워 견딜 수가 없다면서 호소해 왔다. 게다가 한때 동거생활을 했던 로버트 상사가 자기와 결혼해줄 것을 요구해오니 어쩌면 좋겠냐고 물어왔다. 두 분께서 하라는 대로 따르고 싶다는 주문이었다.

우리는 며칠간의 여유를 얻은 끝에 속히 미국으로 건너가시지요. 빠를수록 좋겠군요. 제가 협조해 드리겠다고 말씀 드렸다. 그날부터 장미 모녀는 낮, 밤으로 번갈아가며 나와 함께 영어공부에 몰두했다. 장미 엄마는 십 수 연간 미군과의 생활로 회화는 막힘이 없었으나 읽고 쓰기에는 거의 문맹에 가까웠다. 두 달여 기간 우리는 혼연일체가 되어 영어공부에 매달렸다. 그때 중병으로 사경을 헤맨다던 로버트 상사의 본처가 사망했다는 소식을 접했다. 로버트 상사가 그 와중에도 장미 엄마에게 속히 미국으로 건너와 자기와 결혼해줄 것을 울면서 간청하는 국제전화를 곁에서 전해 듣고 박수를 쳐야 했다. 로버트 상사는 장미, 금준이 와는 전혀 혈연관계가 없는 제3의 인물이긴 하지만 그 동안 겪어왔던 사람 중에 인간미가 있어 행복한 생활이 보장될 수 있는 사람이라며 그를 칭찬하는 장미 엄마의 환한 모습을 오랜만에 볼 수 있어 흐뭇했다.

할머니를 남겨두고 미국으로 건너간 장미네 세 식구가 죠지아주에 자리 잡아 정착하고 있다는 소식을 자주 접했다. 할머니는 미국에 한 번 다녀오신 후 세상을 떠나셨다. 학교 교사가 되어 결혼 후 한국에 건너와 영어선생이 되는 게 꿈이라던 금발의 미녀 장미는 훌륭한 남편을 만나 소원대로 교사가 되었다. 개구쟁이 금준이는 어엿한 청년으로 성장하여 공군병사가 되었다. 장미 엄마가 로버트 상사와 결혼 후 둘 사이에서 태어난 귀염둥이 쥰과 함께 찍어 보내온 가족사진을 보면서 우리 부부는 감개무량함을 금할 수 없었다. 그녀에게 미국행을 과감히 권유했고 그녀가 우리의 결정에 순순히 따랐기에 가능했던 결과였다. 그때의 판단이 옳았었다고 지금도 회고하곤 한다. 자녀의 행복은 물론 본인도 행복한 삶을 영위하고 있다니 참으로 다행스런 일이 아닐 수 없다.

우리 부부의 작은 관심에 삶의 새 길을 찾은 장미네 가족이 위대해 보인다. 남다른 고통을 체험했기에 가능했으리라 믿는다. 그대들의 행복이 영원하길 오늘도 기도로 빌어 본다.

■ 이화란 편

달빛산책

요즈음 제이의 외환위기라는 불안감으로 사회의 분위기가 다소 가라앉아있다. 뉴스에 따르면 충남지방의 자동차 등록률도 다른 해에 비해 많이 떨어졌다고 한다. 요즈음 우리 차가 오래되어 저세상으로 보냈다. 그동안 남편이 차를 운전했지만 나는 버스를 타고 시내에 다니던 일이 습관이 되어 그런지 차가 없어도 별 불편함을 모르고 산다.

나는 소도시 외곽에서 농원을 하고 있다. 매일 나무와 풀과 씨름을 하다가 멀미가 나면 목요일 저녁을 기다린다. 낮 동안 열심히 일 하다가 외출 준비를 하고 밖으로 나오면 삼십분 정도 시내버스를 타는 시간도 즐겁기만 하다. 목요일 저녁이면 합창 연습을 하러 가기 때문이다. 생활의 염려로 인해 마음이 분주하고 아름다움에 둔해질 때가 있다. 그럴 때 사람들과 함께 가곡을 부르다 보면 막혔던 가슴이 시원하게 뚫리고 영혼이 서늘해지곤 한다. 지휘 선생님께 때로는 꾸지람을 듣고 잘못된 곳을 지적 받아도 새로운 것을 배우고 그것을 즐기는 마음 때문인지 즐겁기만 하다. 열심히 파트 연습을 하다 보면 시간은 금방 지나가고 끝나는 시간이 참 아쉽다. 다른 파트들의 연습하는 소리를 감상하며 앉아있으면 인생은 참 아름다운 것이라는 생각이 든다. 지휘 선생님이 남성 파트의 잘못된 곳을 반복해서 지적하면 여성 단원들은 놀려댄다. "테너는 나머지 공부를 해야 되겠어요."

합창연습이 끝나면 9시에 시청 앞 광장에서 우리 동네 근처로 오는 마지막 버스를 탄다. 막차에는 주로 학생들이 타고 있다. 직장에서 늦게 끝난 사람도 보이고 하루 종일 저자를 보다가 행상을 꾸리고 돌아오는 할머니의 파리한 낯빛도 보인다.

그날 집을 나서기 전에 남편이 말했다.

"차 없는데 어떻게 집에 올래?"

"참, 그렇지. 어떻게 할까? 그냥 걸어서 데리러 오면 안 되나?"

"아이구, 네가 무슨 애기냐?"

"알았어. 혼자 올게.

차가 있을 때는 남편이 승강장으로 데리러 왔다. 그러나 자꾸 늘어나는 체중이 부담스러워 가끔 혼자 걸었다. 버스 승강장에서 우리 집까지는 삼십분 정도라 걷기운동으로는 적당한 거리였다. 그러나 집에 차가 있는데 내가 걷는 것하고 차가 없으니까 걸어야 하는 것과는 무슨 차이가 있을까?

차가 해미를 지나자 손전화가 울렸다. 뜻밖에 남편이었다.

"나 지금 거기로 나간다."

"알았어."

픽 웃음이 터졌다. 기세등등한 표정으로 나더러 혼자서 오라던 사람이 갑자기 마음이 변했나 생각하니 우스웠고, 자기가 안 오고 배겨? 하는 교만한 마음이 나도 모르게 생겼기 때문이다. 버스가 승강장에 멈췄으나 그가 보이지 않아 두리번거렸지만 찾지 못하고 그냥 집 쪽으로 걸었다. 그러자 승강장에서 한 삼십 미터는 떨어져 있는 곳의 전봇대에 트레이닝복 바람으로 서 있는 그가 보였다.

"마중을 나왔으면 승강장 앞에 있어야지."

내가 빈정거리자 그가 말했다.

"남부끄럽게 거기까지 간다니?"

그의 말에 또 웃음이 나왔다. 아니 이제 결혼생활 30여 년이 되어가는데 남부끄러울 것은 또 뭔가?

우리는 갑자기 신혼 시절의 연인이 되어 길을 따라 걸었다. 신호등과 차선을 따라 차가 급하게 달리는 큰길을 지나자 들판에 가득한 벼들이 달빛에 몸을 씻는 마을길이 시작되었다.

앞산을 돌아오는 바람이 서늘하고 가을꽃과 들풀 냄새가 은은한 향기를 날리는데 모처럼 달빛을 받으며 도란도란 이야기꽃을 피우며 걷자니 행복이란 것이 샘물처럼 퐁퐁 솟아오른다.

문득 십여 년 전의 일이 떠올랐다. 그의 권유로 수능시험을 보게 되었는데 갑자기 추워진 날씨에 두툼한 털 코트를 입고 고사장 교문을 들어서자 의경이 나를 막아섰다.

"들어오시면 안 됩니다."

"나도 수험생인데요."

이상하다는 낯빛으로 나를 자꾸 살피는 그의 눈앞에 수험표를 내보였다. 그래도 그는 이해가 되지 않는 듯 고개를 갸웃거렸다.

그날 종일 긴장한 채로 시험을 보고 밖으로 나섰는데 수험생들이 썰물처럼 빠져 나가는 교정에 그는 보이지 않았다. 교문을 조금 지나자 골목길의 전봇대 옆에서 그가 기다리고 있었다.

"시험 잘 봤어?"

"응."

하루 종일 시험지를 들여다보던 긴장에서 벗어나던 참이라 다소 얼떨떨해 있던 나에게 그는 붉은 장미가 그려진 초콜릿을 내밀었다. 순간 내 마음속에 퐁퐁 솟아오르던 마음의 울림이 이런 것이었던가. 시험결과에 대한 두려움이 사라지고 근심도 없어졌던 그 순간이 떠올랐다.

다음 목요일은 온종일 가을걷이를 해서 그가 힘들 것이라 생각되어 혼자 걸을 요량이었다. 그러나 그는 여학생의 집 앞에서 기다리는 소년처럼 여전히 기다리고 있었다. 우리는 합창연습실에서 간식으로 받은 빵과 요구르트를 나누어 먹으며 밤길을 걸었다.

그 다음 날은 자전거를 타고서 마중을 나왔다. 이번에는 우리 집 강아지까지 따라와 나를 보자 펄쩍펄쩍 뛰어오른다. 우리 셋은 자전거를 끌고서 큰길을 지나 다시 농로로 접어들었다. 강아지는 길가에 있는 풀의 냄새를 맡기도 하고 근처에 있는 집의 마당으로 들어가기도 했다. 길가에 매어 놓은 개들이 길길이 날뛰며 우리 일행을 향해 짖자 강아지는 꽁무니를 빼며 우리를 향해 달려 왔다. 우리는 혹시 이웃집의 다정한 시간을 방해할까 봐 아미를 불러가며 달빛을 받으며 한가롭게 걸었다.

다음 날 강아지를 보니 다리를 절고 있었다. 자전거를 따라 달리느라 무리를 했던 것 같다. 그래도 녀석은 연신 쫄랑거리며 내 뒤를 따라 다녔다. 지난 밤 셋이서 했던 산책을 생각하니 강아지도 사랑스럽기 그지없다.

생각해보면 그동안 우리는 너무 정신없이 살아왔던 것 같다. 언제부터인가 정신을 차리고 보니 우리의 전원엔 둥지 안의 새들이 더 큰 세상으로 날아가고 달랑 둘 뿐이다. 그래서 다시 우리 둘이 우주의 중심이 되었다.

일체유심조라 했던가. 모든 일이 마음먹기에 달려 있다고 하는. 차가 없으니 걸어야 했고 밤길을 걷다보니 그동안 느끼지 못했던 삶과 자연의 아름다움을 발견했다. 안개가 조금 낀 오솔길을 걸으며 느끼는 희미한 아름다움, 밤바람에 나뭇잎이 오소소 떨어지는 소리, 어느 집 굴뚝에서 피어오르는 연기와 마른 풀잎이 타는 냄새, 어떤 날은 환장하게 밝은 달빛의 넉넉함, 그것은 느껴본 사람만 알 수 있을 것 같다. 밤마실을 돌아다니는 바람이 우리에게 최면을 걸었을까? 밤길을 둘이 걸으며 느끼는 그 잔잔한 마음의 호수를 무엇으로 계량할 수 있을까?

요즈음 남편은 차에 대한 정보를 얻느라 인터넷에 쏙 빠져 있다. 내가 무슨 말을 해도 그는 대충 대답하고 다시 화면에 집중하고 만다. 나는 그의 등을 바라보며 속으로 말한다.

'그렇게 열심히 안 찾아도 괜찮은데.'

산수국 그늘

올 여름은 참 서늘하다. 티브이는 남부지방은 폭염이 심하고 중북부는 홍수피해가 심각하다고 연일 보도하는데 뉴스만 볼 뿐 별 도움도 주지 못하면서도 안타까운 마음이 드는 것이 인지상정인가.

숨넘어가는 소리를 하는 도시와 달리 우리가 살고 있는 곳은 산속 마을이어선지 여름이 다 가도록 별 더위를 못 느끼고 산다. 에어컨은 물론 선풍기를 쓰는 일도 별로 없어 거실에 설치했던 에어컨을 다른 곳으로 옮겼다.

그래도 가끔 이상기온이라 해서 한낮의 기온이 올라가는 날은 시냇가의 나무그늘을 찾는다. 남편이 예비군훈련을 갔다가 캐온 지팡이만 하던 팽나무 한 그루가 한 세대가 가는 동안 정원 귀에 그늘을 이루고 있다. 그 밑에 심었던 산수국 그루들. 냇가의 물소리와 함께 서슬이 퍼렇게 여름을 나무라고 있다.

친구의 남편이 식물원에 일을 하러 다녔는데 식물원 주인은 꽃이나 나무의 반출을 꿈도 꾸지 못하게 엄히 간수했다. 그러나 그도 울타리 밖의 식물은 어쩔 수 없었던지 출퇴근길에 울타리 밖에서 한 그루 캐온 산수국을 자신의 집 마당에서 고이 기르다가 잘 자라자 내게 분양한 것이다.

처음 그 꽃을 보았을 때 그 고상하고 귀태 나는 모습에 혹해서 정말 애지중지 가꾸었다. 지금은 식물의 생리와 세계에 대해 아주 조금 알 것 같지만 그때만 해도 꽃이라고는 겨우 이름만 알 정도였다. 그래서 시골마당에서 흔히 보지 못했던 그 꽃은 나에게는 경이로운 보물이었다. 오 세상에는 이런 꽃도 있구나. 나는 그 꽃을 보면서 내 식견이 짧은 것과 식물에 대한 지식 없음에 얼마나 실망했는지 몰랐다. 그 이후로도 역시 이론을 공부할 생각은 하지 못하고 그들의 모습에 반해 마당 넓은 것에 감사하며 있는 대로 꽃 욕심을 부리고 정원 여기저기에 꽃무더기를 만들어 내 삶을 보물단지로 채우고 있다.

그런데 나의 보물이라는 것이 이렇게 보잘것없는 것일까? 비가 많이 오면 썩을 것 같고 해가 많이 나면 말라 죽을 것 같은. 바쁠 때는 풀을 제대로 뽑지 못해 풀에 치이고 큰 나무를 굴삭기로 옮기면 뿌리에 붙어 따라가다가 흔적도 없어져버리는. 보물에 대한 안목이 높은 사람들은 세월이 가도 변함없는 다이아몬드나 보석에 마음을 두고 그것을 얻기 위해 무진 노력을 하는데 그런 것이 없는 나는 마당귀에 보물을 두고 혼자만 만족할 수밖에. 가끔 구경꾼들이 칭찬이라도 하면 나는 세상을 다 가진 것 같다.

그런데 나의 보물은 재미있는 습성을 가지고 있다. 동식물이 거의 그렇듯 산수국도 후손을 이어야 하는 보람과 의무감을 느끼는 것 같다. 봄꽃이 거의 사라져 정원이 푸른 잎만 무성할 무렵 고상하고 파르스름한 보랏빛으로 피어 효도를 한다. 산수국 꽃잎은 쟁반처럼 납작하다. 꽃의 가운데에 진짜 암수술이 있고 가장자리에서 가짜 꽃이 벌 나비를 부르기 위해 때론 분홍색 파란색으로 은근히 화려한 치장을 한다.

진짜 꽃은 암수술이 너무 작아 나비 벌 등의 눈에 띄기가 어렵다. 곤충들은 고상하면서도 화려한 가짜 꽃에 현혹되어 왔다가 가까운 진짜 꽃에 꽃가루받이를 하게 되고 산수국은 열매를 맺게 된다. 산수국 열매를 채취하지 않아도 휘묻이로 번식이 잘되기 때문에 굳이 열매를 모을 생각은 하지 않았다. 열매 또한 너무 작아 눈에 잘 띄지도 않는다.

산수국은 토양에 산성이 많으면 파란색 알카리성이 많으면 분홍색으로 꽃이 변하기도 한다. 가끔 중성토양에서 흰색 꽃이 달리는 것을 볼 수 있다. 그래서 그런지 꽃말도 '변하기 쉬운 마음'이라 한다.

더위를 피해 마당귀에 앉았다가 팽나무 그늘 아래 핀 산수국을 들여다보았다. 곤충을 유혹해 후사를 도모하던 산수국은 하늘이 주신 의무를 마친 후 하늘을 향해 성스럽고도 고혹적으로 피던 모습을 변신하여 이제는 귀태 나는 얼굴로 땅바닥을 내려다보고 있다. 가짜 꽃들은 빛깔이 옅은 갈색으로 변하여 모두 고개를 떨어뜨리고 있다. 다음해 필 때까지 꽃대에서 떨어지지 않는다. 제 시기가 지나면 흔적도 없이 사라지는 여타 꽃과 꽤 다른 인생을 영위해 나가는 산수국. 어떤 품종은 천연 단맛이 좋아 이슬차라 부르며 차로 개발되고 있다.

주변을 돌아보면 사람마다 동물마다 식물마다 제각기 다른 모습으로 살아가고 있다. 나와 다른 인생들의 삶을 나처럼 살지 않는다고 백안시할 것도 아닌 것 같다. 살아가는 방법이 틀렸다고 고개를 갸우뚱하지 않아도 될 것 같다. 생물의 번식하는 방법이 이리 다르기 때문이다. 내 능력이 되지 않으면 가짜 꽃을 달아서라도 생육하고 번식하여 우주의 원리에 최선을 다하는 산수국에 경의를 표하고 싶다. 내가 타고난 능력이 부족하면 산수국처럼 뭔가 남과 다른 나의 장점을 개발해 볼 일이다.

내 보물은 누가 뭐래도 꽃송이들이다. 변하기 쉽고 썩기 쉽고 마르기 쉽고 때론 형체까지 없어져 나를 애타게 하지만 그런 모습으로도 나를 위로해주고 살아가는 즐거움을 주는 보물을 나는 사랑한다.

황금세덤

여름의 호된 볕으로 겨우 숨을 이어가던 화분들이 초가을 바람에 안도하며 본래의 모습을 찾아가고 있었다. 바쁜 여름 일정 때문에 겨우 물만 주어 명맥을 유지하던 것들이다. 진열대 위에서 너무 된 볕을 맞고 빼빼 말라가던 아이들을 진열대 아래 흙 위로 옮겨 주었다. 아침 산책길에 하루하루 예쁘게 변하는 모습을 보며 내심 흡족했었는데 오늘은 달랐다. 내 손바닥만 한 화분 위로 가득 차오르던 황금세덤은 노란 얼굴 위에 손바닥만 한 똥모자를 쓰고 있었다. 개가 어떤 자세로 배설을 했는지 개똥은 화분 밖으로 하나도 떨어지지 않고 고스란히 그 위에 앉아있었다. 사람이 손으로 집어 일부러 그 위에 얹어놓은 것처럼 오묘한 자세로.

나는 가만히 있었는데 개가 그랬어요 라는 말 정도는 할 법도 한데 쓰다달다 말이 없다. 웃음도 나고 어처구니도 없다 아무리 개라지만 그래 이렇게 예쁜 얼굴 위에 똥무더기를 덮는단 말인가? 피하지 못하고 그 자리에서 꼼짝없이 개똥세례를 받았을 꽃은 어떤 심정이었을까?

우리는 그리 멀지 않은 과거에 규율사회에서 살아왔다. 무엇을 해서는 안 된다. 큰일 난다. 혼날 것이다. 등의 강제나 억압의 문장들을 많이 듣고 살아왔다. 대부분의 사람들은 규율이 옳거나 그렇지 않거나 간에 복종했고 그렇지 않은 사람들을 이단시했다. 어떤 철학자는 지금을 성과사회라 이른다. 이 사회는 무엇이건 금지하지 않는다. 유캔두잍. 이 얼마나 상쾌한 문장인가? 인간 속에 꿈틀대는 자의식을 자극하고 무한한 성공의 가능성을 북돋아주는 문장이다. 인생을 살아가며 실패도 하지만 새로운 시도를 하며 자신이 이룬 성취에 자부심을 갖는다. 이 두 부류들은 서로 얼굴을 마주보며 살아간다. 끔찍한 범죄자가 아닌 이상 자주 마주치며 서로 믿고 의지하고 살기 마련이다.

규율사회의 이념이 많은 사람과 성과사회의 특징을 즐기며 사는 사람은 서로 부딪치게 된다. 그럴 때 각기 가지고 있는 사상이나 철학을 끝내 숨길 수 없다. 어떤 사건이 일어나면 그들은 충돌한다. 서로 다른 잣대를 가지고 각자의 가치관이 우주의 법전이라도 되는 듯 측량하려든다. 시간이 갈수록 사안에 대한 원칙이나 객관적 정황 없이 서로의 가치관을 표면에 내세우고 자신의 속마음을 숨긴다. 자기보다 지식이나 지혜가 많거나, 교양이 월등하거나, 돈이 많거나, 타인에게 사랑받거나 하면 시기와 질투의 똥모자를 씌우려든다. 심지어는 집단따돌림조차도 서슴지 않는다. 황금세덤이 예쁘게 피는 것은 하늘의 섭리가 아닐까? 이 꽃은 잎은 라임색이다가 노란 꽃을 피운다. 다육식물이 흔히 그렇듯 번식도 잘 되어 다른 이에게 뿌리를 나누고 생명을 전달해 줄 수 있다. 여러 사람을 행복하게 해주는 꽃이다.

사람마다 가진 제각기의 특성 역시 하늘의 섭리이다. 타인이 잘하는 것, 잘 못하는 것, 내가 못하는 것, 혹은 내가 잘하는 것이 있을 터인데 그 꼴을 못 참아서 그것에 똥을 갈기는, 개처럼 아무 의미 없이 했지만 꽃의 정체성을 부정하고 마는 그런 짓 혹시 내가 하고 있지나 않을까? 뒤돌아볼 일이다. 살다 보면 본인의 의도와 상관없이 일어나는 일들이 얼마나 많은가 하며 황금세덤의 인생을 위로해본다. 똥바가지, 똥감투, 무서워서가 아니라 더러워서 피하는 똥 같은 일들 말이다. 황금세덤처럼 고운 옷을 입고도 아무 잘못도 없이 똥모자를 쓸 수도 있다. 내게 똥을 퍼부었던 이들을 원망하며 언젠가는 네게 이보다 더한 똥장군을 뒤덮으리라 이를 앙다물며 절치부심했던 기억들. 하지만 세월이 약인 것인지 똥은 시간이 지나자 다 녹아서 흔적도 없어지고 황금세덤은 그 악랄한 거름으로 훌륭한 꽃을 피우게 되는 것이 세상의 이치일까?

아무런 말없이 샛노랗게 질린 황금세덤의 얼굴 위에서 개똥모자를 쓸어내 주었다.

"그래 네가 너무 예뻐서 너를 질투하였구나. 너의 진정한 가치를 모르는 존재들이 말이다."

아무 생각 없이 똥을 뿌린 존재에게 소리쳐본다.

"네가 똥을 뿌릴수록 네 상대는 더욱 성숙해지고 그의 인생은 더욱 견고해지니 안심하고 똥을 더욱 갈기도록 하여라."

■ 임현도 편

스키 타는 할매

눈 덮인 하얀 능선을 따라 산 중턱에 즐비하게 늘어선 목조 주택이 유난히 눈부시다. 온통 눈으로 뒤덮인 스키장이 마치 설국 같다. 고향에는 골짜기마다 흘러내리는 물을 가두어 두는 커다란 저수지가 있는데 겨울이 되면 빙판이 되어 스케이트 타기에 안성맞춤이다. 꽁꽁 얼어 아랫마을 윗마을 사람들이 다 모여도 끄떡없다. 농한기인 겨울 농촌에서 얼어붙은 저수지는 동네 사람들이 안부를 묻는 유일한 모임장소이자 운동장이 된다. 그곳에서 아버지가 스케이트를 제일 잘 타는 것 같았다. 헐렁한 한복을 바람에 펄럭거리며 쌩쌩 달리는 모습이 번개같이 빠르다. 토끼털로 귀마개와 모자를 만들어 쓰고 뒷짐을 쥔 채 몇 바퀴 돌면 사람들은 한동안 넋을 잃고 바라보다가 감탄사를 연발한다. 그런 아버지 모습이 어린 나에게는 참 자랑스러웠다.

나무판에 발 모양의 본을 떠서 가운데 굵은 철사를 고정 시킨 다음 양쪽으로 가는 못을 박는다. 고무줄로 못을 번갈아 가며 운동화 끈 매듯 발을 묶으면 목판 스케이트가 되는데 나는 이 스케이트를 쉽게 잘 탔다. 동생들도 얼음 썰매를 만들어 아버지 뒤를 따르고 동네 꼬마들도 함께 얼음지치기에 정신이 없다. 한바탕 빙판에서 놀다 보면 추위도 사라지고 이마에 땀이 흥건해지곤 했다. 겨울 운동을 즐겨 하며 체력을 단련하는 어르신들의 지혜가 놀랍다. 우리나라 빙상선수들이 세계 신기록을 세울 수 있었던 것도 자연을 이용한 운동이 밑거름이 된 듯하다.

겨울이 되면 항상 가족과 놀아 주시던 아버지가 유독 생각난다. 어머니보다 더 자상한 아버지는 우리를 무척 사랑했다. 그런 아버지를 보고 자라 나도 가족을 최우선으로 여기며 살게 되었는지 모른다. 해마다 겨울 방학이 되면 식구들과 함께 스키여행을 떠난다. 아버지가 어린 우리를 위해 시간을 내어 놀아 주신 것처럼 나도 아이들과 같이 스키를 타며 놀아 준다. 나는 선두에 서고 아이 셋은 중간에 줄줄이 세워 남편이 맨 끝에서 아이들을 보호하며 안전한 활강을 도와준다. 가족들과 함께하는 여행은 연중행사가 되었다. 스키여행이 흔하지 않았던 터이라 자식들은 자부심을 가진다. 남편 역시 가족의 겨울 여행을 위해 노력하는 모습이 가장으로 좋아 보였다. 온 가족의 스키여행은 신바람 나는 특별한 날이 된다.

즐겁던 시절도 잠시인 듯 이제는 가족들이 독립해 나갔다. 아들은 가정을 꾸리며 자기 자식들 키우느라 여념이 없다. 딸 역시 남에게 뒤질세라 젖을 뗀 지 얼마 되지도 않은 아이를 위해 영어 학원부터 등록시킨다. 모두들 제 살기에 바쁜 탓에 즐겨 타던 스키도 까맣게 잊고 산다. 다만 나 혼자 근교에 있는 스키장을 자주 찾는다.

아들이 생일 선물로 사 준 보라색 바지와 노란 자켓의 스키복이 있다. 신세대 스타일이라 입기가 망설여졌는데 얼굴의 반을 덮는 큰 고글과 안전모까지 덮어 쓰면 누구도 나이를 알 수 없어 편리하다. 요즘엔 젊은 사람처럼 그 스키복을 즐겨 입는다. 경사도가 높은 상급 코스에서 상쾌한 활강을 한다. 가끔 젊은 청년들이 재빠르게 따라와 함께 운동하자고 손짓을 한다. 빈번하게 받아 온 제의에 내심 웃음을 지어 본다. 큰 소리로 "할머니란다"라고 외치고 잡기 놀이라도 하듯 꽁무니를 빼고 휑하게 달아나 버렸다. 어디를 가도 스키 타는 나이로는 고령이다. 어릴 때부터 목판 스케이트로 다져진 경험으로 스키 타는 할머니를 보고 어떤 이는 정신 나간 짓이라고도 한다. 골다공증으로 뼈마디가 숭숭 뚫려 가는데 이제는 그만 타라며 많이들 걱정을 해주지만 아버지가 생각날 때마다 스키장을 찾게 된다.

리프트를 타고 오르는 짧은 시간에도 사람들의 활강하는 모습에 시선이 머문다. 과거의 우리 가족이 생각나 물끄러미 쳐다본다.

지나간 세월 속에 묻혀 있던 감회가 외로움이 되어 한 올 휘감는 매서운 바람처럼 뺨을 스쳐간다. 가족 여행은 추억 속에 잠겨 있고 어느덧 나는 혼자 스키 타는 신세가 되었다. 요즘 자주 입는 헐렁한 보드 스키복은 수십 년 전에 아버지가 입고 타시던 목판스케이트의 차림새와 닮아 있다. 오롯이 그때를 생각하며 스키 타는 할매는 어느새 어린 소녀가 되어 힘찬 활강으로 질주한다.

어머니와 김 순경

겨우내 움츠려 있던 햇살이 고와 모처럼 강변으로 나갔다. 얼음이 갓 풀린 잔잔한 물결이 더욱 싱싱해 보인다. 조심스럽게 내민 맑은 하늘과 살랑살랑 부는 바람의 조화가 봄 기분을 들게 한다. 조팝나무 울타리가 쳐진 둘레길 사이로 화려한 유니폼을 차려 입은 자전거 행렬이 지나간다. 빠르게 굴러 가는 자전거 빗살대가 햇빛에 반사되어 은빛 팔랑개비로 보인다. 가만히 보고 있자니 어릴 때 기억이 떠오른다. 반짝거리는 자전거를 타고 지서로 출근했던 김 순경 아저씨의 모습이다.

부모님은 일찍이 많은 논을 소유한 대농이었다. 머슴이 셋이나 있었어도 언제나 그들보다 더 많은 일을 하셨다. 이른 새벽 눈을 뜨자마자 온 식구들은 밭으로 나갔다. 집채만 한 황소와 송아지까지 대가족이 우르르 대문을 박차고 나갈 때는 양쪽 대문을 활짝 열어도 비좁게 빠져 나갈 정도였다. 해가 뜨기 전에 일정한 밭일을 마치기 위해서는 빠른 걸음으로 서둘러야 한다. 보폭이 작은 나는 소등을 타고 밭으로 갔다. 소의 뜨거운 체온에 내 몸을 땀에 흠뻑 젖는다. 소가 움직일 때마다 특유의 누린 냄새와 거친 숨소리가 등위로 올라 왔지만 악착같이 버텼다. 육중한 소다리가 쿵하고 땅을 내리칠 때마다 기울어지는 몸을 잽싸게 낮추고 중심을 잡곤 했다.

누가 먼저랄 것도 없이 밭일에 속도가 붙어 정신없이 일을 한다. 끼니때가 되면 어머니는 서둘러 집으로 향했다. 마을지서에 발령 받아 온 김 순경 아저씨가 우리 집에서 하숙을 하고 있어 밥상을 차려야 했다. 앞치마에 머리 수건을 두르고 재빠른 손놀림으로 음식을 만들 때는 일등 요리사다. 이마에 땀이 송송 맺힌 모습은 밭에서 일하던 때와는 전혀 다르다. 텃밭에서 갓 자란 채소로 상을 차려내고, 후식으로 제철 과일까지 그 모든 과정이 일사천리로 눈 깜빡할 사이에 이루어진다.

대청마루에 걸터앉아 식사를 하는 아저씨의 밥상은 항상 만찬이다. 무럭무럭 김이 나는 쌀밥이 밥그릇보다 높게 산처럼 올라왔고, 시래기 된장국과 계란찜의 구수한 냄새에 저절로 군침이 돌았다. 침을 꼴깍 삼키며 아저씨가 한 숟가락이라도 남겨주길 바랐지만 항상 빈 그릇뿐인 밥상에 실망이 이만저만이 아니었다. 어쩌다 그릇가장자리에 계란찜이 붙어 있으면 숟가락으로 달달 긁어 한 입에 털어 넣었다. 어머니는 밭과 집을 오가며 하루 세 번 상차림을 하면서도 피곤하지도 않는지 콧노래까지 흥얼거렸다. 김 순경 아저씨는 어머니에게 위로의 공간이 되어 준 것 같다. 몇 년 후 다른 마을지서로 전근 가셨지만 김 순경을 향한 어머니의 정성은 끝이 아니었다.

그 당시 아버지는 남들이 하지 않는 고소득 작물을 재배했다. 땅콩과 우엉, 연근, 삼베옷을 만드는 대마초, 담배 농사까지 고루 재배했다. 어머니는 아버지가 재배한 귀한 농산물을 철마다 김 순경 아저씨께 가장 먼저 배달했다.

북새 같은 일철이 지나고 저물어 가는 가을 햇살이 나직해지면 그동안 거둔 곡식을 거두어들였다. 뽑은 땅콩은 그늘에 말려 굵은 선홍색 알맹이만 골라 가마솥에 볶았다. 숨 가쁘게 볶아내던 엄마의 뒷모습은 항상 신바람이 나 보였다. 종이봉지에 정성스럽게 싼 볶은 땅콩을 김 순경 아저씨께 갖다 드리라고 심부름을 시켰다. 꼭 아저씨께 전해줘야 한다며 상기된 목소리로 당부까지 하셨다.

어머니 심부름으로 시외버스를 탔다. 아직 열기가 가시지 않은 고소한 땅콩 냄새가 코 밑을 감돌았다. 지서에 도착하자 아저씨는 출장을 가고 자리에 없었다. 꼭 아저씨께 전해 드려야한다는 어머니의 간곡한 말에 한참 고민이 됐다. 아저씨가 돌아오길 기다렸다. 시간이 지날수록 집으로 돌아갈 막차 시간이 급해 불안해졌다. 한참을 망설이다 아저씨 책상 밑 귀퉁이에 땅콩 보자기를 살그머니 두고 돌아왔다. 차 시간에 맞추어 마중을 나온 어머니는 어느 때보다 친절하게 내 손을 잡아주었다. 평소와 다르게 제법 토실한 땅콩을 한 사발 내어주며 아저씨의 근황을 이것저것 물었다. 제대로 심부름을 하지 못한 게 미안해 고개를 숙이고 머리만 갸웃거렸다. 사정 이야기를 들은 어머니는 내일 가서 계시지 않으면 아예 땅콩 보자기를 가져오라고 했다. 다음 날 지서로 갔는데 감추어 놓은 보자기가 보이지 않았다. 김 순경 아저씨도 아직 출장 중이라 며칠 걸리신다고 했다. 어머니의 모습이 떠올라 힘이 쭉 빠졌다. 땅콩 한 알에 들인 엄마의 정성을 누구보다 잘 아는 나로서는 다른 사람이 먹어 버렸다는 사실에 맥이 빠진 것이다.

그 후로도 오랫동안 밤을 지새우며 손수 엿을 고아 연근강정을 만들기도 하고, 우엉즙을 내어 김 순경 아저씨를 극진히 섬겼다. 아저씨에 대한 무조건적인 사랑과 갸륵한 정성으로 쌓은 인연은 결코 헛되지 않았다. 훗날 큰 오빠가 읍내 학교로 진학하여 김 순경 집에서 생활하였기 때문이다. 하숙이 흔치 않는 시절이라 서로 조건 없이 정을 주고받으며 살았던 것 같다. 근 백세에 가까운 어머니를 혹 욕되게 하는 일인지 모르겠지만, 그 시절 어머니의 마음을 아름다운 짝사랑으로 기리고 싶다. 주어도 자꾸만 더 주고 싶은 김 순경에 대한 사랑은 봄날 같아서 어머니의 청춘 일화로 간직하고 있다.

청심에 쏘아 올린 작은 공

가르치는 일이 즐겁던 교직을 사십년 만에 퇴직하니 섭섭하다. 하루를 어떻게 보낼지 걱정이 앞선다. 새로운 일에 도전하기보다는 전직 교사로서 내가 할 수 있는 일을 생각했다. 대학원에서 전공한 생활체육 지도자자격증을 활용할 수 있는 곳을 수소문하기로 했다.

서울 근교의 경치 좋은 산기슭에 복지재단인 실버타운이 있다. 높고 낮은 산들이 포개져 있는 산허리를 안개가 감싸 안으면 한 폭의 산수화 같은 이곳에서 건강 체조강사로 봉사 활동을 한다. 가르치는 또 하나의 삶을 새롭게 시작하는 셈이다.

열 평 남짓한 방에 '멋진 인생! 신 나는 노래!' 현수막을 한쪽 벽면에다 붙이고 연로하신 분들의 분위기에 맞게 환경도 꾸몄다. 신체에 맞는 동작과 가벼운 율동으로 프로그램을 만들었다. 흥미에 맞는 적절한 운동을 선택하고 건강을 최우선으로 활동 내용을 조절하자 효과가 아주 좋다. 건강이 염려되는 어르신들이지만 간호사와 의사가 있어 실버체조 하기에는 안성맞춤이다.

비 오는 날은 뽕짝 트로트로 흥겨운 춤부터 활기차게 시작한다. 대부분 청각이 나빠 소리를 질러야 하고 동작도 크게 하여 혼이 나간 듯 율동 해야 한다. 젊은 시절에 많이 경험한 언어나 몸짓으로 어르신의 두뇌활동을 자극한다. 추억으로 심신을 일깨우다 보면 모두들 편안하게 받아들이고 활동에 적극 참여한다. 나도 덩달아 신이 나 흥에 젖는다. 어느새 이마에 땀방울이 흐르고 혈액순환이 되어 얼굴색도 불그스름해진다. 지병이 있어 약을 드시는 어르신들은 주위에서 법석을 떨어도 졸음에 빠질 때가 있다. 그 순간을 깨우기 위해 난쟁이가 쏘아 올린 작은 공처럼 신들린 듯 춤추며 노래를 부른다. 입을 꾹 다문 어르신이 조금씩 미소를 보이다 비로소 웃음을 줄 때 봉사하는 나도 뿌듯하고 성취감을 갖는다. 남자 어르신이 많이 참석할 때는 짝을 지어 청백전으로 게임도 한다. 수업할 때만큼은 어르신 존칭은 빼고 먼 과거로 돌아가 꼬마 학생들이 된다. 재미있게 웃으며 즐겁게 참여한다. 승부욕도 아이들처럼 대단해 성미 급한 어르신은 방문을 박차고 나가 진 편에 승복하지 않기도 한다. 어르신들은 감정 표현이 일방적이고 고집이 센 편이라 의견다툼도 간혹 있긴 하지만 금세 잊어버리고 서로 잘 어울린다. 아이들처럼 귀엽고 순수해 어처구니없게도 웃음이 난다. 가르쳐 드리는 대로 폼도 잘 잡고 끼도 많다. 오래도록 잠자던 재능을 이끌어 내어 그리기와 만들기도 꼼꼼하게 지도한다. 괜찮은 작품이 많아서 연말쯤 전시회를 해야겠다. 당신들이 완성한 그림과 공예품을 보고 좋아서 어깨춤을 춘다. 남보다 더 뛰고 열심히 세상을 살아온 최고의 어르신들이다. 노후를 좋은 시설에서 편안히 여생을 보내고 있는 것도 힘들었던 젊음이 있었기에 얻어진 것 같다.

자기 인생 최고의 순간을 여러 사람 앞에서 한마디씩 말해 보는 시간이다. 식사하고 가라고 잡은 손을 놓을 줄 모르는 인정 있는 할머니는 한자로 주소와 성함까지 써 내려가며 한문 실력을 자랑하신다. 평소에 표현을 잘 하지 않는 할아버지는 우리나라 최초의 토목기사였단다. 외국에서 도로건설에 참여해 표창을 받은 기사가 실린 색이 변한 낡은 신문을 보여 준다. 눈을 지그시 감고 하모니카를 연주해 분위기를 부드럽게 한다. 노래와 사교춤으로 동네에서 인기를 몰고 다녔다는 할머니는 요즘은 몸이 아프면서도 멋들어지게 한 곡조 뽑아 일등 한 것을 뽐내는 모습이 멋있다. 일본에서 유학을 해 일본 가요만 부를 수 있다는 날씬한 어르신도 종종 뽐내지만 인기가 많다. 모두 환호와 박수를 보낸다.

거동이 불편해서 제주에서 여기까지 찾아왔는데 이제는 걸어 다닐 정도로 건강이 좋아진 것은 다 건강 체조 덕분이라는 말에 모두들 공감한다. 인쇄소 사업으로 손금이 닳도록 열심히 일을 했다는 할아버지는 잘 웃고 개구쟁이 같아 별명이 귀염돌이다. 성격이 활달해서 이곳에서는 빼 놓을 수 없는 스마일 인물이다. 효자 아들을 자랑하는 미인 할머니가 남편 먼저 세상 떠난 후 자식 넷을 대학까지 공부시킨 한 많은 인생살이 이야기를 할 때는 모두들 눈시울이 붉어진다. 한 할머니가 팔순까지도 남편 시집살이한다고 하자 모두들 깔깔거린다. 그런 영감은 내 버리라고 여기저기에서 우스갯소리로 한마디씩 보탠다. 몸이 불편한 남편을 공경하며 사는 부부가 존경스럽다. 세월 속에 묻혀 있던 많은 사연들을 듣고 모두 통감하며 흠뻑 웃는다.

오늘 활동의 끝마무리는 구호를 외치며 박수 세 번을 치며 끝이 난다.

"내가 최고다!"

"나는 잘 났다!"

"맞습니다. 나이는 숫자에 불과하니 건강하게 지냅시다."

봉사의 하루가 지나면 힘이 쏘옥 빠지지만 내일의 새로운 프로그램을 짜는데 정신을 쏟는다. 다음 주에는 서투른 뽕짝 가요로 치매 예방에 좋은 율동을 보여 드려야겠다. 쉼 없이 즐거운 마음으로 청심의 어르신을 위해 공을 쏘아 올리는 난쟁이가 된다. 다소 힘은 들지만 어르신들의 체취를 향기처럼 맡으며 내가 쏘아 올리는 이 작은 공놀이가 참 좋다.

헛짚기

오래전부터 주택 복권이 나와서 집이 없는 사람들에게 내 집 마련의 기회를 주려는 뜻으로 좋은 제도라 생각되었다. 매주 금요일이면 회전판을 돌리고 화살을 쏘아 십만 단위부터 단 단위까지 어느 칸에 화살이 꽂히느냐에 따라 숫자가 나오고 액수가 달라진다. 그러다가 숫자가 적힌 공으로 바뀌어 1등부터 6등까지 차례로 나오고 애교스럽게 숫자 하나만 틀리면 아차상금이 나왔다. 요즘은 전자식으로 바뀌어 빠르고 간단한 방법으로 추첨이 가능해졌다. 이 복권추첨에서 집이 없는 사람이 상금을 타서 집을 장만하고 식구들과 따뜻한 방에서 행복하게 살겠구나 생각하면 아주 흐뭇했다. 그리고 셋방살이를 하던 사람이 돼지꿈을 꾸고 복권에 당첨이 됐다는 기사를 읽을 때면 눈시울이 젖었다. 내가 사글세방 신세를 면하고 처음으로 열세 평짜리 집을 장만하여 이사할 때가 생각났기 때문이다. 그때가 내 인생에서 가장 행복했던 것 같다. 이런 주택복권의 좋은 뜻에 비해 올림픽 복권이나 또또복권이 나오며 상금이 커지고 사행심을 조장시켜 반갑지 않은 인상을 주었다. 급기야는 로또복권이란 수십억 원짜리 원자폭탄에 버금갈 복권이 나오면서 모두 복권열풍에 휩싸이고 중독에 빠져 직장에서나 길거리에서 복권이야기로 일손을 놓고 몽상에 빠져 있는 사람들을 많이 본다.

복권은 정치나 사회가 불안하고 사람들의 심리상태가 불안정할 때 성행한다고 한다. 복권, 경륜, 경마, 카지노는 요행심의 극치로 사회나 개인을 멍들게 한다고 생각된다. 빈부격차가 심하고 패배의식이 강하여 한 번에 일확천금을 얻어 인생역전의 허황된 꿈을 꾸고 있는 것이다. 헤밍웨이의 『노인과 바다』에 나오는 주인공처럼 터무니없이 큰 고기를 낚으려다가 인생을 망치는 경우가 많다. 복권을 사는 사람마다 당첨됐으면 얼마나 좋을까. 그러나 '꽝'인 사람이 대부분이다. 우리네 인생살이가 헛짚기의 연속이 아닐까. 허탕을 치고 돌아서는 발걸음이 무거워 보이고 안쓰럽게 느껴진다. 몇 사람의 웃음 뒤에는 보이지 않는 수많은 사람들의 한숨과 눈물, 실망과 좌절이 숨어 있기 때문이다.

어려서 나는 소풍가서 보물찾기에도 별 흥미를 느끼지 못했다. 보물을 애써 찾으려 해도 내 눈에는 보이지 않았다. 나뭇가지에, 낙엽 속에, 돌멩이 밑 허름한 곳에 숨겨 놓은 줄 알면서도 번번이 남의 뒤를 따라다니며 허탕을 쳤다. 그뿐이랴. 엿치기에서도 구멍이 남보다 적어서 엿 값을 내야 했고, 가위 바위 보에서 꼴찌를 해 팔뚝이나 이마를 많이 맞아 밤톨만한 붉은 혹을 달아야만 했다. 그때부터 우직스럽다하리만큼 '막고 품는 것이 제일이다'라는 생활신조로 살아왔다. 각종 모임의 행운권 추첨에서도 거의 관객 편에 서서 박수를 쳤다. 몇 년 전에 골프에서 60만분의 1의 확률 밖에 없다는 홀인원을 했다. 이때 주위에서 운수가 대통할 징조이니 복권을 사보라고 부추겨 다섯 장씩 두 번 샀었다. 물론 허탕이었고 일장춘몽의 꿈을 접어버렸다.

수년 전 TV에서 석유탐사 다큐멘터리가 방영되었다. 20년 동안 0.5%의 확률을 찾아 열대지방이나 한대지방을 헤매다가 드디어 베트남 15-1광구 지하 3000미터에서 석유를 캐내어 우리나라도 산유국의 대열에 끼었다는 것이다. 얼마나 기다리고 반가운 일인가. 확률적으로 199번의 헛짚기를 한 끝에 200번 째만에 석유가 나오자 팀장과 직원들은 얼싸안고 냄새를 맡아보고 검은 기름을 얼굴에 문지르며 기뻐하는 모습에 내 눈에도 눈물이 핑 돌았다. 그동안의 한숨과 고생을 한꺼번에 석유불꽃과 함께 날려 보낸 것이다. 훗날 "아빠는 석유를 캔다더니 무얼 캤느냐고 물어 봤을 때 아들에게 면목이 없을 것 같아 가장 걱정이 앞섰다"고 팀장은 속내를 털어놓았다. 20년이란 긴 세월, 많은 돈과 젊음과 정력을 허비한 그들에게 아낌없는 찬사를 보내고 싶었다. 검은 진주를 캐려다가 얼마나 많은 허탈감을 맛보았을까. 복권의 쉽고 빠른 시간에 비하여 석유탐사야말로 얼마나 값진 성과인가.

너무 약삭빠르면 예지를 잃는 법, 잔꾀를 부리거나 한 번에 일확천금을 꿈꾸는 사람에 비하여, 우리 사회에는 아직도 자기에게 주어진 환경을 숙명이라 생각하고 성실하게 살아가는 사람들이 훨씬 많다. 마치 장기판에 차(車)는 종횡무진하고 포(包)는 뛰어넘어 멀리 갈 수 있지만, 졸(卒)은 옆이나 앞으로 한 칸씩 밖에 갈 수 없다. 그러나 장기에서 다섯 마리의 졸이 없다면 승부에 어떤 결과가 올 것인가 생각해 볼 일이다. 우리는 졸과 같이 새벽에 남의 집 문 앞에 신문을 던지는 여린 손, 골목길 가로등 밑에서 쓰레기를 치우는 청소부, 묵묵히 땅을 일궈 농사짓는 농부들이 많다. 자기 자리에서 성실하게 일하며 살아가는 사람들이 더 존경받고 사랑 받는 사회가 됐으면 좋겠다.

행복으로 가는 길

시인 김상용은 「남으로 창을 내겠소」 라는 시에서 '왜 사냐 건 웃지요'라고 말했다. 막상 웃지만 말고 삶의 목적이 뭐냐고 다그친다면 대답하기가 무척 어려울 것이다. 굳이 목적이 있다면 행복하게 살기 위함이라 할 것이다. 또 어떻게 하는 것이 행복이냐고 물으면 대답하기 어렵다.

동서고금을 통하여 심리학자, 철학자, 종교학자들이 이 삶과 행복이란 화두를 놓고 고민해 왔으나 확실한 답을 얻지 못하고 씨름해왔다. 잡힐 듯 말 듯 한 그림자 같기도 하고, 잡으러 달려가면 멀리 도망가는 무지개 같은 것이 행복이다. 학설이 많다는 것은 뚜렷한 결론이 없다는 말과도 같다. 제자백가처럼 철학자가 많고 이론이 많다는 것은 답이 많을 수도 있고 정답이 없을 수도 있다는 말이다.

그러면서도 행복은 물질적인 소유보다는 마음의 여유에서 찾아볼 수 있다. 어떤 사람은 소유를 욕망으로 나눈 분수 관계라 했다. 즉 물질을 많이 갖든지, 욕망을 줄이는 것이다. 그러나 물질을 아무리 많이 갖고도 만족하지 못할 바엔 욕망을 줄이는 무소유가 행복의 지름길이다. 가지지 않고도 행복할 수 있는 방법, 가진 것 없이도 항상 마음이 부자이고 행복하다는 뜻이다. 세계에서 가장 가난한 방글라데시 사람들이 가장 행복지수가 높다고 하는 것도 욕심을 적게 갖는 방법을 아는 사람들이기 때문이다.

또 다른 행복의 지름길은 일에 몰두하는 것이다. 어려서 해지는 줄도 모르고 놀이에 빠져 있던 시절을 생각해 보라. 놀이에 일에 몰두하면 언제 어디에 있는지 자아를 잊어버리게 된다. 무슨 일이든 일에 몰두하다 보면 언제 시간이 갔는지 느끼지 못하면서 뿌듯한 성취감을 느낄 때가 있다. 작가 솔제니친은 수용소 안에서도 자신이 행복하다고 했다. '총을 들고 있는 교도관들이 윽박지르는 소리를 들으면서도, 풀이 죽은 죄수들 사이에서도 내 머리에는 시의 이미지가 물밀듯 떠오르는 것 같았다. 그 순간 나는 자유였고 행복한 사람이었다. 어떤 죄수들은 가시철망을 끊고 탈출을 시도했지만 나에게는 어떤 철조망도 높은 담벼락도 없었다. 나를 포함한 죄수들 모두는 고스란히 감옥 안에 있었지만 사실 나는 그곳으로부터 먼 비행을 하고 있었던 것이다'라고 했다. 『감옥으로부터의 탈출』을 쓴 신영복 교수도 20년 동안 감옥에 있으면서 밤마다 상상의 나래를 펴고 담을 넘어 이곳저곳을 여행하며 글을 썼다고 했다. 비록 몸은 감옥 안에 있지만 마음은 항상 담 밖을 자유로이 여행을 했다.

아는 자는 좋아하는 자보다 못하고 좋아하는 자는 즐기는 자보다 못하다(공자)고 했다. 이왕에 해야 할 일이라면 즐겁게 일하고, 일에 몰두하여 행복인지 불행인지 모르는 사이에 그 속에서 행복을 찾게 된다. 스스로 목적성을 가지고 적극적인 사고를 통해 상황을 주도적으로 통제할 수 있다면 행복은 의외로 가까운 곳에 있다. 우리는 그때가 좋은 때였구나, 그때가 행복했었구나라고 느낄 때가 있다. 행복은 우연한 기회에 만들어지는 것일까. 자신이 만들고, 자신 안에서 행복의 여신을 찾을 일이다.

태백산 기행

이 해가 가기 전에 한해를 뒤돌아보고 뜻있는 이벤트를 만들고 싶었다. 한편 돌이켜 보면 이루지 못한 것에 대한 아쉬움이 앞선다. 책 한 권을 옆구리에 끼고 기차에 오를까 하다가 친구를 불렀다. 길동무를 하기 위함이다. 청량리역에 도착하니 여행의 꿈에 부풀어 잠이 일찍 깨어 왔노라며 복어같이 배부른 배낭을 가리키며 먹을 것을 가득 담았다고 걱정 말란다. 퇴직을 하여 쉬고 있는 친구는 답답하던 차에 나들이라며 마냥 즐거운 표정이다.

여덟시 정각에 기차는 미끄러지듯 시가지를 빠져나가 팔당댐에서 쏟아내는 시원한 물길을 보자 머리까지 상쾌하다. 두물머리에서는 북한강 물과 남한강 물이 사이좋게 어우러져 손잡고 흐른다. 금강산에서 황지에서 몇 날 며칠을 걸려 오느라 수고했노라고 서로 위로를 하며 어깨동무한다. 이념과 출생지를 초월한 어울림, 두물머리에서는 사상이나 편 가르기는 아예 없다. 이 강산의 주인인 우리들이 배워야할 일이다.

북한강과 작별의 아쉬움을 접고 남한강을 따라 계곡을 지나 산속으로 들어간다. 달려 갈수록 병풍처럼 산이 앞을 가로 막는다. 물 따라 꾸불꾸불하게 놓인 철길은 다리를 건너고 터널을 지나면 또 다른 시야가 나타난다. 엊그제까지 눈이 많이 내렸다는 방송을 믿고 집을 나섰는데 가도 가도 눈은 보이지 않고 앙상한 나무들이 맨몸으로 추위에 오들오들 떨고 있다. 영월을 지나 긴 터널 속으로 들어간다. 한참만에야 어둠을 빠져나와 눈을 떠보니 별천지 세계가 눈앞에 펼쳐진다. 드디어 눈을 머리에 이고 있는 산들이 나타나더니 차츰 온 산이 눈에 덮여 모두들 환성을 자아낸다.

기대했던 것처럼 태백에 도착하자 이름 그대로 태산이 백색으로 우리 앞에 다가선다. 계절에 따라 수차례 찾아왔건만 산은 언제나 그 자리에 서서 나를 불렀다. 나 혼자만이 좋아서 짝사랑을 하고 있는지도 모른다. 찾아왔다가 아쉬움 남기고 돌아갔다가 또다시 와도 언제나 나를 그 자리에서 맞아 준다. 유일사 매표소를 거쳐 이미 앞서간 사람들이 다져 놓은 길을 따라 오른다. 숨이 차고 다리가 아파도 산이 손짓하며 부르고 있어 눈길을 미끄러지고 넘어지며 오른다. 빨리 달려도, 허둥대도 안 된다는 것을 산은 가르쳐준다. 아무리 바쁘고 단숨에 오를 것 같이 보이나 한 걸음부터 천천히 숨을 고르며 올라야 한다.

몇 달 전에 왔을 때만 해도 녹음을 자랑하며 원숙미와 풍만함을 자랑하는 듯했는데 걸쳤던 파란 옷을 신부처럼 하얀 웨딩드레스를 입고 우리를 맞아준다. 옷도 신발도 머리에도 하얀색으로 단장한 신부, 아마 마음까지도 백설공주 닮지 않을까 싶다. 그러고 보면 우리가 백마를 탄 왕자가 돼 있어야 할 텐데 따지고 보면 백발을 쓴 신사가 아닐까. 자연이 아니면 만들어낼 수 없는 조화, 연신 탄성을 자아내고 셔터를 누르느라 갈 길이 더디기만한다.

두 시간 정도 땀을 뻘뻘 흘리며 오르자 주목군락지에 이른다. 살아 천년 죽어 천년을 산다는 주목은 머리에 흰 눈을 듬뿍 덮어쓰고 있다. 늙고 뼈대만 남아 자기 몸도 가누기 힘들어 보인다. 측은하다 못해 애처롭다. 마치 짝사랑이라도 하는지 눈은 애걸하듯 겨울 한철만이라도 부디 변심하지 말아 달라고 부둥켜안고 떨어지지 않으려고 애를 쓴다. 나무는 귀찮다는 듯 떨어내려 해도 차마 정에 못 이겨 보내지 못하고 모른 체하고 있는지도 모른다. 가지 끝에 맺힌 물방울이 눈물로 보인다. 굽은 허리, 머리에 흰 눈을 이고 서 있는 주목이 나의 자화상을 보는 것 같아 동병상련의 느낌이다. 힘에 버거우면 짊어지고 있던 눈을 미련 없이 부려버린다. 늙어가며 욕심을 버리고 가벼운 몸으로 살아가라 일컫는 것 같다.

하산 길은 더 미끄럽고 위험하다. 인생길도 내리막길이 위험해서 조심해야 한다는 것을 산은 말해준다. 미끄러지지 않으려고 양옆에 늘어져 있는 나뭇가지를 붙잡기도 하고 옆으로 뻗은 뿌리를 지렛대 삼아 조심스럽게 하산한다. 지금까지 살아오며 넘어지려고 하는 사람의 손을 잡아주거나 디딤돌 역할을 해준 적이 몇 번이나 있을까. 그런 것도 젊고 힘이 있을 때 했어야 되지 않았을까. 우리의 인생살이처럼 하산길은 힘은 적게 드나 미끄러질 위험은 훨씬 많다. 내려와서 뒤돌아본 산은 더 높게 보인다. 어떻게 저런 산을 올라갔다가 왔을까 싶다. 다리는 아파도 머리는 날아갈 듯 시원하다.

우쿨렐레 연주

친구와 함께 우쿨렐레를 배우고 있다. 시니어 플라자에 들어서자 오카리나와 합창 소리에 가슴이 뛴다. 땅거미 질 때까지 교내 합창대회를 준비하던 학창시절이 떠오른다. 황혼기에 나름대로 자유롭게 배우는 시니어의 모습들이 생기 있게 보였다. 가족에 대한 의무나 사회적인 책무를 할 만큼 했으면 자기 자신을 위해 남은 세월을 활용할 줄도 알아야 한다. 요즈음 복지시설이 잘되어 있어 누구나 노력만 한다면 평생학습을 통하여 삶의 질이 달라질 수 있다. 마음먹기에 따라 얼마든지 제2의 인생을 시작할 수 있는 것이다. 일상생활의 늪에 갇혀 헤어나지 못할 수도 있지만 자투리 시간을 이용하여 꿈과 이상을 펼치며 즐겁게 생활하는 모습들이 아름답다.

'배움도 때가 있다'고 하는데 생소한 악기라 걱정이 앞선다. 악기 조율부터 기초를 배우는데 꼭 신입생 같다. 학창시절 나는 음악시간을 특히 좋아했다. 새벽시간을 이용해 학교 피아노실에서 연습했던 때가 생각난다. 그때는 여러 과목을 공부해야 하는 중압감 때문에 집중이 잘되지 않았는데 지금은 성적에 대한 부담이 없어 마음이 편하다. 악기 하나는 할 줄 알면 좋겠다 하면서도 쉽게 시작하지 못했다. 자녀들을 키우면서 악기연주는 나에게 '그림의 떡'이었다. 연습할 시간이 주어진다면 그것마저도 자녀들에게 주고 싶은 심정으로 살아 왔다. 내 꿈을 이루기보다는 아이들의 미래가 우선이었다.

우쿨렐레는 19세기 중반 하와이 전통 악기로 크기에 따라 분류되며 가장 작은 순서부터 소프라노, 콘서트, 테너, 바리톤으로 나누어진다. 현은 네 줄이며 벼룩이 톡톡 튀는 것을 연상하는 맑고 밝은 소리가 나는 악기다. 악기가 작아서 쉽게 들고 다니며 연주할 수 있어 더욱 호감이 간다. 이런 매력적인 악기를 자녀들과 함께 연주하는 날을 생각하면 기분이 좋아진다.

꾸준히 연습을 하지 않으면 따라갈 수 없어 여러 가지 주법과 코드 익히기에 바쁘다. 당김 음에서 헛손질과 오른쪽 손바닥을 줄에 대면서 음을 정지시키는 커팅주법도 매력적이다. 일주일에 한 번 있는 교습일이 기다려진다. 될 때까지 연습을 하다보면 한두 시간은 훌쩍 지나고 만다. 배운다는 게 이렇게 즐거울 줄 몰랐다. 이제는 코드만 알면 기초적인 동요는 쉽게 칠 수 있다. 매일 한 시간씩 시간을 정하여 연습하는데 신이 난다. 혼자 노래를 부르며 '조개껍질 묶어', '반달' 등을 연주하면 기분이 차분해진다. 실력이 늘었다고 칭찬을 받을 때면 나도 모르게 어린아이처럼 천진난만 해진다.

외손녀를 포함한 가족들도 우쿨렐레의 음색을 좋아한다. 짧은 실력이지만 가족들이 관심을 보여 주자 나도 모르게 악기에 대해 전문가인

양 으스댄다. 그때마다 아들, 딸, 손녀가 고개를 끄덕이며 한번 선생님은 영원한 선생님이라고 추켜세운다. 이 말에 힘입어 선생님으로 돌아간 나는 교실에서 아이들 가르치듯 손녀를 가르친다. 코드가 무엇인가 설명하자 화음을 말하는 것이라며 그쯤은 안다고 작은 어깨를 으쓱댄다. 손녀와 함께 반달을 부를 때면 딸과 아들이 손뼉을 치며 허밍으로 화음까지 넣어준다. 가족 콘서트가 따로 없다. 얼굴엔 웃음들이 가득하고 절로 흥이 나 더없이 행복해진다. 음악은 신이 주는 기쁨의 선물인가 보다. 손녀도 '조개껍질 묶어'도 연습해 보겠다며 제법 오랜 시간 악기에 열중하고 있다. 나는 그 모습에서 또 기운을 얻는다. 배우는 즐거움도 있지만 자식들과 악기연주를 통해 소통하는 기쁨이 더 크다. 가족을 떠나서는 내 존재감 자체도 희미해진다는 사실에 가슴 한편이 아리다.

자식들 앞에서 연습을 할 때는 선생님 앞보다 더 긴장된다. 어려운 부분은 인내가 필요하다는 사실을 어린 손녀가 느꼈으면 좋겠다. 평생 배우는 자세로 살아가는 할머니를 보고 손녀가 자신의 꿈을 위해 최선을 다한다면 이보다 더 큰 수확은 없을 것이다. 오늘 손녀와 함께 연주한 동요가 오래도록 가슴에 남았으면 좋겠다.

아름다운 만남

KTX를 타고 부산으로 향하는 마음이 설렌다. 그토록 빠르다는 고속기차도 내게는 거북이 같이 느껴진다. 제사보다 젯밥에 눈이 멀다고, 연수 대신 옛 제자들 만날 생각에 마음이 먼저 달리고 있나보다.

어떤 모습으로 변했을까? 제발 알아볼 수 있으면 좋겠다는 생각을 하며 설레는 마음을 다독인다. 첫사랑을 다시 만난다면 이런 마음일 것이다.

얼마 전 아이들이 하교한 후 벨이 울렸다.

"정영자 선생님이지예?"

경상도 억양이 섞인 말투의 목소리가 들린다.

"누구 어머니세요?"

"선생님, 말씀 놓으세요."

반가움이 묻어나는 목소리가 전해온다. 4학년 때 제자라고 한다. 오래전 일이라 금방 기억이 나지 않아 잘 모르겠다고 하자 그녀는 당시

학년 반장이었다는 말을 덧붙인다. 그 시절의 여러 가지 상황을 이야기하며 생각이 나지 않느냐고 재차 묻는다. 세월 탓인지 재촉을 받은 민망함 때문인지 쉽게 떠오르지가 않았다. 그래도 애써 옛 기억을 더듬으며 맞장구를 치면서 오랫동안 통화를 했다. 우연인지 일주일 후 그녀가 사는 부산으로 연수 일정이 잡혀있었다. 그날 만날 것을 약속한 날이 오늘이다.

부산역에 곧 도착한다는 방송이 끝나자마자 전화가 왔다. 또 다른 제자와 출구에서 기다리고 있다며 서로 보면 알아볼 수 있을 거라고 한다. 스카프를 하면 더 빨리 나를 찾지 않을까 싶어 스카프를 하고 출구를 나왔다. 둘러봐도 제자처럼 보이는 사람이 없다. 한참 뒤 다시 전화가 왔다. 서로 엇갈렸던 모양이다. 시계탑에서 만나기로 했다. 나를 기다리는 이는 제자만이 아니다. 제자 남편도 함께였다. 행복감에 젖어든다 게 이런 순간이 아닐까? 유명 인사나 귀빈이라도 된 듯하다. 제자들이 나를 보더니 예전 모습 그대로라서 쉽게 알아보았단다. 4학년 어린 소녀들이 지천명을 넘긴 어른이 되어 내 앞에 나타났다. 그러나 나는 낯선 이방인인 듯한 그녀들이 학부모같이 느껴졌다. 세월의 벽이 가로 막아서 옛 모습은 찾아보기 힘들고 늘 만나는 이들의 모습과 닮아서다.

우리는 따뜻한 차를 마시며 그동안의 회포를 풀기 시작했다. 그녀는 내 처녀 때 모습과 그때의 생활을 스크린 보듯 선명하고 또렷하게 기억하고 있었다. 졸업 30주년행사 때 선생님을 만나면서 내 생각이 더 났다고 한다. 궁금증이 채 가시기 전에 내 막내 동생과 중학교 동창인 친구로부터 번호를 알아내었다고 한다. 서울서 전학 온 예쁘고 깔끔한

소영이, 제자들 한 명 한 명이 기억 속에서 되살아나기 시작한다. 제자는 준비해온 졸업 앨범을 내보였다. 급기야는 그 당시 육학년 선생님들의 별명까지 기억하며 초등학생 마냥 조잘댄다. 당시 나는 제자들에게 어떤 선생님으로 기억되었을까 궁금하던 중 그녀는 나를 의욕과 열정이 넘치는 무용선생님으로 기억한다고 했다.

그 당시 초임 발령 첫 업무는 무용 지도였다. 특히 체육을 싫어하던 내게 울며 겨자 먹기로 맡겨진 일이었다. 못한다고 말할 처지도 못되고 구원병이 되어 줄 사람도 없으니 감당할 수밖에 없었다. 오기 아닌 오기로 밤을 새워가며 '숲속의 물레방아'라는 주제로 창작에 열을 올렸다. 토요일 오후뿐만 아니라 일요일까지 아이들을 등교시켜 지도를 하였다. 의상 구입을 위해 강원도에서 서울까지 원정한 것을 기억하는 그녀들의 눈빛 반짝이며 들려주는 이야기에 그때의 나로 돌아가게 했다.

극장까지 빌려 발표회를 하고 시·도 대회까지 나갔다. 무용선생님이란 호칭을 나름대로 가지게 되었나보다.

제자는 그동안 제자의 몫을 하지 못해 미안하다고 한다. 바쁘고 각박한 세상에 오래된 스승을 찾아 주어서 마음이 뭉클하다.

열정으로만 가득했던 철없던 신규 교사시절 그때 만났던 꼬마 제자들이 세월의 강을 타고 어른이 되어 교직생활 끝 지점에서 행복하고 아름다운 만남으로 다시 만난 오늘 교사로서의 긍지와 자부심을 느꼈으며 영원히 내 기억 속 추억 페이지에 곱게 남을 것이다.

달팽이 소동

지난봄 현장학습을 갔던 손녀가 달팽이 한 마리를 선물로 받아왔다. 달팽이를 어찌나 소중하게 여기는지 아기라도 입양한 양 온 집안을 떠들썩하게 만들었다. 손녀는 달팽이가 혼자라 외롭다며 한 마리를 더 사달라고 졸라 두 마리를 길렀다. 어항을 달팽이집으로 꾸미고 연아와 연재라는 이름까지 지어 주며 지극 정성으로 보살핀다. 달팽이는 먹성이 좋아서 당근과 채소를 제공하기 바쁘지만 녀석들이 먹는 모습을 보면 힘든 줄도 모른단다. 공부하다 지루하면 달팽이와 이야기하며 재미있게 잘 놀아, 보는 이를 흐뭇하게 했다.

연일 달팽이로 이야기꽃을 피우던 어느 날, 달팽이 연아가 감쪽같이 사라져 버렸다. 손녀는 달팽이 연아가 가출했다고 울고불고 난리가 났다. 뚜껑을 이리저리 뒤집고 집안 구석구석을 샅샅이 찾아도 달팽이는 보이지 않는다. 손녀는 밥도 제대로 먹지 않고 달팽이에 집착해 어른들을 힘들게 했다. 다른 달팽이를 구해 준다고 해도 손녀는 연아만을 고집했다. 어르고 달래던 어른들도 지칠 즈음, 손녀도 어느 정도는 포기한 듯 혼자 남은 연재만 보살폈다. 왠지 쓸쓸해 보이는 손녀 모습에 마음 한구석이 내내 찜찜했지만 연아는 찾을 길이 없었다.

한 달을 훌쩍 넘긴 어느 날, 달팽이 연아를 찾았다. 우연히 손녀 가방에서 필통을 꺼내려는데 가방 구석에 거무스름한 무엇이 눈에 띄었다. '이 녀석, 책가방에 웬 돌멩이를 가지고 다닐까?' 꺼내어 보니 다름 아닌 가출한 달팽이가 아닌가. 잃어버린 동생이라도 찾은 양 손녀는 기쁨으로 팔짝팔짝 뛰었다. 온가족이 축제 분위기에 젖어 어찌할 바를 모르다가 수척한 연아의 모습을 보고는 할 말을 잊었다. 정말 끈질긴 생명력이다.

가족들이 애타게 찾고 있다는 것을 알고 돌아온 모양이다. 먹성 좋던 녀석이 아무 것도 먹지 못한 채 배낭 안에서 지냈을 생각에 마음이 아파서 물부터 주었다. 연재는 연아가 가출해서 돌아온 것을 아는지 모르는지 곤히 잠만 자고 있다. '연재야, 연아가 돌아왔으니 사이좋게 나누어 먹고 잘 지내라.'며 상추 잎을 넣어주었다. 채소 냄새를 맡았는지 잠만 자던 녀석이 일어나 툭 튀어나온 더듬이를 부지런히 움직이면서 상추 잎을 먹어 치우고 있다. 연아가 먹기 좋게 한구석으로 옮기고 푸성귀를 가득 넣어 주었다. 손녀는 하루 종일 달팽이집에 붙어서 떠날 줄을 모른다. 모처럼 집안이 꽉 찬 듯 가슴이 뿌듯하다.

가출한 달팽이가 무사히 귀환한 소식은 작은 딸에게도 속보로 전해졌다. 한 달이 지나도록 소식이 없자 생사를 장담하지 못하겠다던 작은 딸은 적잖이 놀란 눈치였다. 자기도 키워보고 싶다며 달팽이가 알을 낳으면 분양해 달란다. 현장학습을 같이 다녀온 손녀 친구들 달팽이는 벌써 번식을 시작했다고 한다. 친구들은 예상보다 알을 많이 낳아 당황해 한다는데, 이 녀석들은 기다리고 기다려도 알 낳을 기미가 없다. 두 달이 지나도록 분양 소식이 없자 기다리기 지쳤는지 작은 딸이 연락을 했다.

"달팽이 가족은 아직 2세 소식이 없어?"

"이름을 여성스럽게 지어 자매인 줄 아나봐! 성 정체성을 잃은 것 같아."

우스갯소리로 넘겼지만 가족들은 모두 달팽이의 번식만을 기다렸다. 달팽이는 암컷과 수컷이 한 몸에 있는 자웅동체이지만 두 마리가 만나야 알을 낳을 수 있다. 서로의 입 근처 구멍에 정자를 넣어 교환하고 한 달쯤 지나면 흙에 구멍을 파서 희고 둥근 알을 50개쯤 낳는다. 보름이 지나면 드디어 새끼 달팽이가 껍데기를 깨고 나온다. 달팽이를 너무 쳐다봐서 번식을 못하나 싶어 일부러 근처에 얼씬도 못하게 했다. 알을 낳을 수 있는 분위기를 만들어 주기 위해 갖은 노력을 다 했지만 연아와 연재의 아기 달팽이 소식은 감감했다.

달팽이 연아가 집으로 돌아 온지 석 달이 채 되지 않을 때다. 아침에 일어나 상추 잎을 넣어 주는데 연아가 꿈쩍도 하지 않는다. 이리저리 흔들어도 미동도 없다. 가방 속에서 물 한 모금 먹지 못한 것이 결국 죽음에까지 이르게 만들었나 보다.

연아가 죽자 손녀는 몹시 슬퍼했다. 학교행사와 동요 녹음으로 살뜰히 챙기지 못한 탓이라 가슴 아파했다. 친구로부터 여섯 마리의 아기 달팽이를 분양받아 연재와 함께 키우는 것으로 겨우 손녀를 달랬다. 내일은 연재 소식을 전하러 달팽이 무덤에 가자고 손가락을 걸고 약속

한다. 눈물을 글썽이던 손녀가 배시시 웃는다. 내 가슴 속에 햇살 한 자락이 반짝인다.

■ 수록회원 주소록

	**강병남** 한국문인협회·국제펜클럽 회원, 조선수필문인회 회장 수필집 : 문열기 연습 서울 서대문구 연희 맛로 34 E-mail : namgangcom@gmail.com
	**김경남** 한국문인협회·국제펜클럽 회원, 조선수필문인회 이사 수필집 : 종이 속 영혼, 내 영혼의 뜨락 경기 광주시 오포읍 신현로 65-24 현대모닝사이드 1차 201-1504 E-mail : kkn49@hanmail.net
	**김광화** 조선문학문인회 부회장, 조선수필문인회 이사, 김광화치과 원장 경기 부천시 소사구 호현로 492 김광화치과의원 E-mail : dentkkh@hanmail.net
	**김평화** 조선문인 회원, 조선수필문인회 이사, 하와이한인문인협회 회장 1200 Queen Emma St. #2501 Honolulu Hawaii 96813 E-mail : kimpyonghwa@gmail.com
	**데이빗 리** 조선문인 회원, 조선수필문인회 이사, 하와이한인문인협회 부회장 5954 Haleola street honolulu. HI 96821 E-mail : davidjunglee@hotmail.com
	**시우미** 한국문인협회·국제펜클럽 회원, 조선수필문인회 이사, (주)이앤아이월드 고문 수필집 : 겨울나무 서울 송파구 송파대로 28길 송파웰츠타워 1506호 E-mail : sanjeong4312@hanmail.net

	**이화란** 조선수필문인회 부회장, 국제로타리3620지구 서산국화로타리클럽 회장, 돌꽃농원 운영 충남 서산시 해미면 한티 2길 36-4 E-mail : carmen1956@naver.com
	**엄영선** 조선문인회 · 조선수필문인회 회원 수필집 : 인생은 예술품 1545 Kalakaua Ave #1009 Honolulu HI 96826 E-mail : umyongsun@gmail.com
	**임현도** 조선수필문인회 이사, 사계수필문인회 회원, 가평군복지재단프로그램 강사 서울 강동구 성안로 147 E-mail : j0095kr@hanmail.net
	**윤월산** 조선수필문인회 이사, 모스페실리티 회장, 예비역 육군소장 수필집 : 아들아 나는 청춘을 군인으로 살았다 서울 송파구 송파대로 28길 43 송파웰츠타워 1506호 E-mail : yhj5727@hanmail.net
	**장원의** 한국문인협회 · 국제펜클럽 회원, 조선문인회 고문, 장안과의원 원장 수필집 : 백년 후에, 길에서 길을 묻다 서울 서대문구 수색로 38 우창빌딩 3층 장안과의원 E-mail : wka5677@hanmail.net
	**정영자** 조선문인회 · 사계수필문인회 회원, 조선수필문인회 이사 서울 동작구 상도로 47바길 40, 102동 802호(상도동, 상도패리스) E-mail : solip630@hanmail.net

조선수필

2014년 2월 5일 인쇄
2014년 2월 10일 발행

지은이 / 조선수필문인회
발행인 / 박진환
펴낸곳 / 조선문학사
등록번호 / 1-2733
주소 / 120-853 서울 서대문구 통일로 389(홍제동)
대표전화 / 02)730-2255
팩스 / 02)723-9373

ISBN 978-89-98115-42-5

정가 10,000원